Marieke Abetini

Schnittstelle Sinne

Individuelle sensomotorische Prozesse und Unterricht

Verhalten verstehen – Lernen unterstützen

Marieke Abetini

Schnittstelle Sinne

Individuelle sensomotorische Prozesse und Unterricht

Verhalten verstehen – Lernen unterstützen

Unser Buchprogramm im Internet
www.verlag-modernes-lernen.de

Externe Links
Der Verlag weist ausdrücklich darauf hin, dass eventuell im Text enthaltene externe Links vom Verlag nur bis zum Zeitpunkt der Buchveröffentlichung eingesehen werden konnten. Auf spätere Veränderungen hat der Verlag keinerlei Einfluss. Eine Haftung des Verlages ist daher ausgeschlossen.

Folgen Sie uns auf  

Online-Material zu diesem Buch
So einfach geht's
– Materialseite **verlag-modernes-lernen.de/buecher/online-material** aufrufen
– Buchcode eingeben und Download starten

Ihr Buchcode: 646VxT03

Gesamtherstellung in Deutschland: Löer Druck GmbH, Dortmund

Illustrationen: Bewegschaft | Florian Failenschmid; Illustratorin: Milica Vezmar Basara

Bestell-Nr. 1353 ISBN 978-3-8080-0948-2

Inhalt

Einführung

Schenke dem Körper Beachtung und der Geist wird es Dir danken!

Mit diesem Grundsatz im Herzen begrüße ich Sie, liebe Leser*innen, dieses Buches! Diese Perspektive, dass Körperlichkeit[1] eine Erklärung, aber auch ein Ansatz für pädagogisches Handeln ist, prägt mein Leben mit meinen Kindern, Mitmenschen und meine Arbeit mit meinen Schüler*innen. Ich erlebe diese Sichtweise als so hilfreich und damit wertvoll in meinem Alltag, dass ich sie mit Ihnen teilen möchte.

Jeder Mensch, der einen Sport ausübt und regelmäßig an seinen sensomotorischen Fertigkeiten arbeitet, wird die Auswirkungen seines Körpergefühls in vielen seiner Lebensbereiche als verlässliche und haltgebende Kraft erleben.

Dieses Buch beschäftigt sich mit den Grundlagen der Wahrnehmungsverarbeitung und deren Einfluss auf das Lernen. Es soll die Frage geklärt werden, welche Rolle die Körperlichkeit unserer Schüler*innen dabei spielt und welche Beachtung sie im Unterricht fordert. Wie können wir als Lehrkräfte die Körperlichkeit unserer Schüler*innen methodisch so im Unterricht berücksichtigen, dass wir damit das Lernen unterstützen? Ist es notwendig bei der Entwicklung von Zielen für unsere Schüler*innen, die sensomotorischen Voraussetzungen miteinzubeziehen? Und wenn ja, in welchem Umfang?

Oft sind es alltägliche Situationen die deutlich machen, wo die Herausforderungen für unsere Schüler*innen liegen, wo ihre „Stressoren" und Lernfelder sind. Diese alltäglichen Situationen entscheiden dann mit darüber, ob sich Schüler*innen im Klassenverband angenommen und wohl fühlen. Ob und wie sie ihre Aufmerksamkeit und ihre Neugierde dem Unterricht widmen können. Ob sie sich auf soziales Lernen einlassen können, u. v. m. So wie beispielsweise Steven und Lilli.

*Steven rutscht im Stuhlkreis mit seinem Stuhl immer sehr dicht an seine Mitschülerin Lilli heran und legt seine Hand auf ihr Bein, zupft an ihrer Hose ... Er kann seine Hände einfach nicht bei sich behalten! Lilli spielt zwar in der Pause sehr gerne mit Steven, aber seine Nähe und das ständig von ihm Angefasstwerden, mag sie gar nicht. Es ist für sie zum aus der Haut fahren! SIE MÖCHTE ABSTAND! Diese Situation führt regelmäßig zu Konflikten. Oft gibt es schon vor Unterrichtsbeginn Streit zwischen den beiden. Die Lehrkraft und Ihre Schüler*innen kennen das bereits. Lilli geht dann meist aufgebracht aus dem Klassenzimmer und braucht ein paar Minuten ihre Ruhe. Wohingegen Steven die Welt nicht mehr ver-*

1 Körperlichkeit: das Körperliche mit Fühlen, Spüren, Bewegen und Halten, sich fühlen, physisches Sein.

*steht. Er fühlt sich wieder einmal ungerecht behandelt und ist aufgebracht. Der Unterricht ist gestört und die Schüler*innen haben Mühe, sich auf das Angebot zu konzentrieren.*

Muss das wirklich sein?

Lassen Sie uns in diesem Buch anschauen, warum Steven und Lilli auf diese Situation so unterschiedlich reagieren und welche Möglichkeiten es für Sie als Lehrkraft gibt, einem solchen Verhalten vorausschauend und flexibel zu begegnen.

Mehr zu Lilli und Steven finden Sie ab Seite 45

Mein Wissen um die sensomotorische Entwicklung und deren Bedeutung für das Lernen konnte ich während meiner langjährigen Tätigkeit zunächst als Ergotherapeutin, dann als Fachlehrkraft Sonderpädagogik an einem SBBZ[2] für geistige Entwicklung vertiefen und ausbauen. Vor allem der Einfluss von Körperlichlkeit auf das Sozial- und Arbeitsverhalten sowie die Gruppendynamik zeigen mir deutlich, dass wir den sensomotorischen Bedürfnissen mehr Beachtung schenken müssen.

Lassen Sie uns beginnen und Ihre Arbeitszufriedenheit erhöhen!

2 SBBZ = Sonderpädagogisches Bildungs- und Beratungszentrum. Schüler*innen mit einem Anspruch auf ein sonderpädagogisches Beratungs-, Unterstützungs- und Bildungsangebot erhalten in Baden-Württemberg von SBBZ Unterstützung, unabhängig vom Lernort. In anderen Bundesländern heißt das SBBZ häufig Förderschule.

Eigene Ziele formulieren

Dieses Buch möchte ich Ihnen gerne als **Arbeitsbuch** vorstellen. Arbeiten Sie mit Ihren Wünschen, Zielen und Interessen!

Im Rahmen der Lektüre fordere ich Sie immer wieder auf, selbst tätig zu werden, nachzudenken und so konkret wie möglich Ihre Gedanken zu formulieren. Dadurch werden Sie den größtmöglichen Nutzen aus der Lektüre ziehen und mit Sicherheit in Ihrer Arbeit davon profitieren.

Grundsätzlich bauen die Inhalte der Kapitel aufeinander auf. Besteht Ihr Interesse jedoch nur zu einem bestimmten Thema, ermutige ich Sie, gleich dort zu beginnen! Nutzen Sie das ausführliche Inhaltsverzeichnis. In den Kapiteln selbst finden Sie Verweise zu den aufeinander bezogenen Kapiteln.

Nehmen Sie sich nun Zeit und formulieren Sie **Ihre konkreten Fragen, Interessen und benennen Sie Ihre Ziele.**

Anregungen:

- ✓ Fragen bezüglich Konzentrationsfähigkeit, Händigkeit, Rechnen, Schreiben ...
- ✓ Fragen bezüglich des Schüler*innen-Verhaltens
- ✓ Fragen bezüglich Arbeitspositionen und Haltung
- ✓ Wechselwirkungen zwischen den Sinnen und Auswirkungen der Wahrnehmung
- ✓ Ich suche nach praktischen Ideen, Anleitungen bezogen auf ...

Liegt Ihr Interesse darin, zu verstehen, wie unser Geist, der Körper und die Umwelt miteinander in Verbindung stehen oder wie wir Sinneseindrücke verarbeiten und was das mit Lernen zu tun hat, so lesen Sie direkt **Teil I des Buches**.

Möchten Sie das Verhalten, die Sensomotorik, die Wechselwirkung der Sinne (die Basissinne – Tastsinn, Tiefensensibilität und Gleichgewicht) verstehen, so können Sie dies in **Teil II finden.**
Der **dritte Teil** des Buches ist gefüllt mit Praxisbeispielen für Ihren lebendigen Alltag in der Schule.

Überblick über die eingesetzten Symbole

Ein Beispiel erkennen Sie an folgendem Symbol: 

Eine Übung erkennen Sie an diesem Symbol: 
Jede Durchführung von Übungen erleichtert uns das Verstehen und Lernen, denn über den Körper Gelerntes wird besser verstanden und behalten!

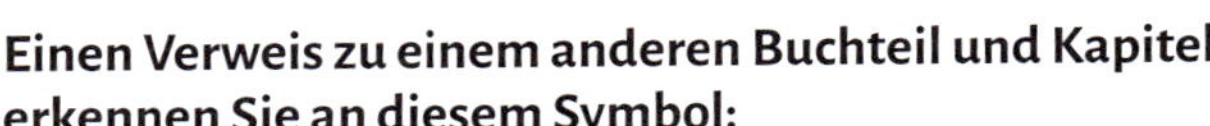

Einen Verweis zu einem anderen Buchteil und Kapitel erkennen Sie an diesem Symbol: 

Wichtige Inhalte sind so markiert!

Teil I: Begriffsklärung

Im Teil I dieses Buches sollen die Grundlagen für ein gemeinsames Verständnis der Begriffe **Embodiment, Lernen und Wahrnehmung** entstehen. Sie bilden die Grundlage für die Ausführungen im Teil II des Buches. Dabei möchte ich jedoch nicht große Theorien mit Ihnen entfalten, sondern uns auf einen gemeinsamen Nenner bringen. So kann ich mit Ihnen zügig in die praxisnahe, lebendige und bunte Welt der Schule eintauchen.

1. Embodiment – ein Konzept für jeden Moment

Stehen wir in einem harmonischen Austausch zwischen Umwelt, Körper und Geist verbessern wir stetig unsere Handlungsfähigkeit.

Für mich ist das Konzept des Embodiments ein sehr wichtiges Element, um Beziehungen im Unterricht gestalten zu können. Es ist eine Brücke, um das Verhalten meiner Schüler*innen besser verstehen und in eine wertschätzende Kommunikation treten zu können.

Der Begriff Embodiment heißt eigentlich so viel wie:

Verkörperung oder Zusammenspiel von Körper und Geist. Hinter dem Begriff Embodiment steht ein ganzes Konzept. Wolfgang Tschacher definiert dieses Konzept folgendermaßen:

„Unter Embodiment“ … „verstehen wir, dass der Geist (also: Verstand, Denken, das kognitive System, die Psyche) mitsamt seinem Organ, dem Gehirn, immer in Bezug zum gesamten Körper steht. Geist /Gehirn und Körper sind wiederum in die restliche Umwelt eingebettet. Das Konzept Embodiment behauptet, dass ohne diese zweifache Einbettung der Geist/Gehirn nicht intelligent arbeiten kann …“
(Storch, Benita, Hüther & Wolfgang, 2017, S. 15)

Dieses „Eingebettetsein“ lässt sich auch als ein gut funktionierender, sich **selbst organisierender Austausch zwischen Körper, Geist/Psyche und Umwelt** darstellen:

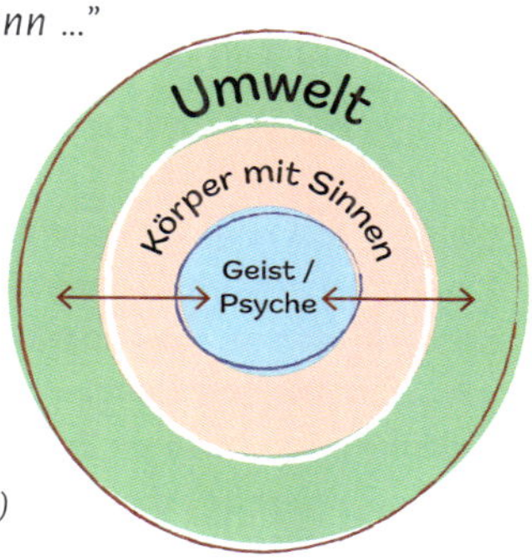

Abbildung 1: Embodiment (vgl. Storch, Cantieni, Hüther & Tschacher, 2017)

Die Sinnesorgane nehmen Impulse aus unserem Körper und der Umwelt auf und senden diese weiter an unser Gehirn/Psyche. Dort verarbeitet werden sie an andere Bereiche des Gehirns und an unseren Körper geleitet, der sich wiederum im ständigen Austausch mit der Umwelt befindet und durchgehend weitere Impulse an den Geist leitet. Parallel dazu hat der Geist auf die vorherigen Impulse reagiert. Bewegungen, Emotionen, ... sind entstanden. Ein einziger Impuls löst viele weitere, sich selbst organisierende (d. h. ohne Einflussnahme der Person) weitere Impulse und damit Reaktionen aus. Es entstehen Erregungsmuster. Je häufiger diese Erregungsmuster angeregt und genutzt werden, desto stabiler werden sie. Sie werden so stabil werden, dass, unabhängig davon welcher Teil des Musters ein Signal erhält, das Muster blitzschnell vervollständigt wird. Wir greifen also auf die gemachten Erfahrungen zurück. Egal ob wir einen Text lesen, mit Kollegen*innen sprechen, im Kontakt mit Schüler*innen sind, ... jeder Impuls wird Teil eines (meist schon bestehenden) Musters und so zwischen unzähligen Nervenzellen weitergeleitet und wir reagieren darauf.

Beispiel „Muster Wasser einschenken":

Lassen Sie uns dies an einem sehr einfachen und beobachtbaren Beispiel anschauen.

Immer wieder schenken wir uns ein Glas Wasser, eine Tasse Tee oder Kaffee ein und trinken. Sind wir in unserer gewohnten Umgebung wird diese Handlung immer recht ähnlich aussehen.

Beispielsweise so:

Wir gehen in die Küche, holen uns ein Glas, greifen nach einem vollen Wasserkrug und schenken uns Wasser in ein Glas ein.

Was denken Sie, wo beginnt das Handlungsmuster?

a) Beim Durst (Körper),

b) bei der Idee (Geist),

c) beim Wasserkrug den wir sehen (Umwelt)?

Den ersten Impuls können Körper, Geist oder Umwelt gegeben haben. Der Geist fasst den Gedanken, dass wir uns ein Glas Wasser einschenken möchten. Schon kommuniziert er mit unserem Körper, der zur selben Zeit direkt in Kommunikation mit der Umwelt ist und die aktuellen Rückmeldungen, z. B. über Gewicht des Kruges, Körperstellung im Raum und der Gelenke zueinander an den Geist die „Schaltzentrale" sendet. Hier wird blitzschnell weiter kommuniziert und die Motorik wieder an die Umwelt angepasst usw.

Ohne nachdenken zu müssen, gelingt es uns, das Wasser einzuschenken. Da dieses Muster schon gesichert ist, können wir uns dabei über komplexe Inhalte unterhalten, den Einkauf gedanklich planen oder einer Erzählung eines Freundes folgen. Reibungslos läuft der Austausch zwischen Körper, Geist und Umwelt.

Wie sieht diese Handlung bei einem Kleinkind aus, wenn sie noch nicht gesichert ist?
Das Kind greift den Krug mit beiden Händen, die Bewegung wird ruckartig, stockend sein. Vermutlich legt es den Krug auf dem Glas ab, das Glas fällt eventuell um. Das Kind stoppt seine Handlung und stellt den Krug ab. Es stellt das Glas wieder auf… ***Die Kommunikation zwischen Umwelt, Körper und Geist ist hier gut zu beobachten****, da die Handlung noch nicht sicher angepasst und das Muster noch nicht gesichert ist. Gelingt es dem Kind, seine Handlung zu variieren und der Umwelt anzupassen, so zeigt sich, auch wenn es nicht direkt zur erfolgreichen Erfüllung der Handlung kommt, dass der Geist gut in Körper und Umwelt eingebettet ist – dass ein gelingender Austausch stattfindet. Erst, wenn die Handlung automatisiert abläuft, ist das Muster gefestigt und wird zur Routine.*

Bis dahin übt das Kind. Der Austausch zwischen Umwelt, Körper und Geist geschieht immer parallel und selbstorganisierend. Dabei wird diese Organisation beim sich entwickelnden Kind schnell „geschickter". Das Kind lernt. Es entstehen viele „Organisationsmuster", die automatisch und blitzschnell ausgelöst werden können.

Stehen wir in einem harmonischen Austausch zwischen Umwelt, Körper und Geist, verbessern wir stetig unsere Handlungsfähigkeit. Wir lernen!

Denken wir noch einmal an die zuvor geschilderte Interaktion von Lilli und Steven. Auch diese Interaktion verläuft häufig nach demselben Muster. Sie variieren kaum. Es gelingt ihnen nicht, eine eigene Lösung zu finden. Hierfür müssten sie erkennen, was sie stört, dies zum Ausdruck bringen, die Eigenarten des Freundes bzw. der Freundin respektieren, … Das ist ganz schön komplex. Sie werden unsere Unterstützung brauchen, um in eine gelingende Kommunikation miteinander treten zu können. Um Steven und Lilli adäquat unterstützen zu können, müssen wir uns in sie hineinversetzen, erkennen wo sie in der Umwelt an ihre Grenzen stoßen und ihre Fähigkeiten kennen. Nur so können wir mit ihnen gemeinsam die passenden Brücken zueinander bauen, benennen was stört und was gebraucht wird. Passen die Brücken wirklich, so werden sich Lilli und Steven an diese Brücken erinnern, sie in ihre Muster integrieren und durch häufigeres Abrufen sicherer im Umgang miteinander werden. Anders gesagt: ein passgenaues Unterstützungsangebot stärkt diese Schüler*innen in vielen ähnlichen Situationen, da sie Muster übertragen.

Bei einem Großteil unserer Schülerinnen und Schüler ist der Austausch zwischen Umwelt, Körper und Geist deutlich anders, als wir ihn von uns kennen. Damit wir jedoch ein tieferes Verständnis für das Verhalten und Lernen unserer Schüler*innen erreichen können, müssen wir uns in sie hineinversetzen. Anschließend versuchen wir nachzuvollziehen, wie dieser Austausch aussehen könnte. Dafür wiederum werden wir uns mit der Verarbeitung der Sinnensinformationen und der damit zusammenhängenden möglichen Musterbildung genauer auseinandersetzen.

Ziel ist es, dass Sie erkennen können über welche Sinne Ihr*e Schüler*in bevorzugt in Kontakt mit der Umwelt geht, aber auch welche Sinnesinformationen sie/er zur Eigenregulation meidet.

Dazu finden Sie Informationen in folgenden Kapiteln:

Tastsinn → Bedeutung der taktilen Wahrnehmun für den Unterricht (ab Seite 42)

Das tiefensensible System → Bedeutung der tiefensensiblen Wahrnehmungsverarbeitung für den Unterricht (ab Seite 78)

Das Gleichgewichtssytem → Bedeutung der vestibulären Wahrnehmungsverarbeitung für den Unterricht (ab Seite 107)

Nun habe ich über „Erregungsmuster" beim Einschenken geschrieben, Steven und Lilli angesprochen, aber wie sich die Muster auf den GEIST mit EMOTIONEN auswirken, möchte ich Ihnen auch zeigen. Machen Sie es sich gemütlich und führen Sie in Ruhe die nächste Übung durch.

Übung

1. Fühlen Sie in sich hinein. Wie fühlt sich Ihr Bauch, Ihre Brust, Ihr Rücken an? Wie ist Ihre Atmung, wie Ihre Mimik? Wenn Sie möchten können Sie dies mit ein paar Stichpunkten festhalten.

2. Der nächste Schritt befasst sich mit einem sehr angenehmen, schönen, oder vielleicht lustigen Erlebnis. Sicher haben Sie schon eine sehr lustige, herausragend schöne Situation erlebt. Finden Sie EINE Situation und erinnern Sie sich mit aller Kraft daran. Wo war das, mit wem haben Sie das erlebt, erzählen Sie sich in Gedanken dieses Erlebnis, durchleben Sie es erneut und lassen Sie sich hierfür ein paar Minuten Zeit.

3. Jetzt haben Sie das Erlebte richtig vor Augen. Achten Sie nun erneut auf Ihren Körper. Wie fühlt sich Ihr Bauch, Ihre Brust, Ihr Rücken an? Wie ist ihre Atmung,

wie ihre Mimik? Wenn Sie möchten halten Sie dies mit ein paar Stichpunkten fest.

4. Beobachten Sie nun Ihre Stimmung. Wie ist diese? Wie geht es Ihnen?

Haben Sie es bemerkt, wie allein das Bild der Situation, mit der Sie etwas verbinden, ein ganzes Muster auslösen konnte? Wie es Einfluss auf die Mimik, eventuell die Körperhaltung, Atmung, Kreislauf und letztendlich auf die Stimmung haben konnte?

Während Sie die Übung durchgeführt haben, haben unzählige Ihrer Nervenzellen miteinander kommuniziert. Das Interessante ist, dass dieses Muster seinen Auslöser auch an ganz anderer Stelle haben kann. Beispielsweise eine Situation, die der vorgestellten ähnelt, oder aber auch einfach nur die Tatsache, dass wir ein Lächeln auflegen und uns aufrichten. Durch zahlreiche Studien wurde belegt, dass Körperhaltung und Mimik Einfluss auf unsere Stimmung, Zuversicht und innere Haltung haben. Auch wenn man es nicht glauben mag: Ein aufgelegtes Lächeln beeinflusst die Stimmung positiv.

Das ist doch toll, wir können über unseren Körper und unsere Mimik Einfluss auf unsere Psyche nehmen! Das kann uns den Schulalltag erleichtern! Erinnern Sie sich regelmäßig daran. Richten Sie entspannt Ihren Körper auf und lächeln Sie doch einfach mal!

Leider können diese Muster nicht beliebig instruiert und übertragen werden. Jeder Mensch hat seine eigenen Muster, die aus der eigenen Erfahrung hervorgehen. So werden wir die traurige Stimmung eines Schülers aufhellen können, indem wir sein eigenes Muster auslösen – da reicht ein kleiner Witz, eine Erinnerung an eine lustige Situation, Farben die er mag, ... dies kann eine Brücke in eine bessere Stimmung sein.

Wie Sie alle wissen sind eine gute Stimmung und emotianale Beteiligung beim Lernen im Unterricht von sehr großer Bedeutung!

Lassen Sie sich auf sich und Ihre Schüler*innen ein, finden Sie die passenden Brücken!

Embodiment lässt sich also nicht instruieren, es muss von der Person selbst hergestellt werden! Es muss an den eigenen Erfahrungen anknüpfen.

Mehr zum Thema Embodiment

Sollten Sie sich für das Thema Embodiment näher interessieren, empfehle ich Ihnen das Buch: Embodiment, die Wechselwirkung von Körper und Psyche verstehen und nutzen (Storch, Cantieni, Hüther & Tschacher, 2017).

1.1 Embodiment – doppelte Stütze für den Unterricht!

Das Konzept des Embodiments kann für Sie im Unterrichtsalltag eine doppelte Stütze sein.

1. Wir können darauf achten, dass wir Lehrkräfte gut doppelt eingebettet sind. D. h., dass unser Geist in einem guten Kontakt zu unserem Körper steht, dass wir ihn mit seinen Bedürfnissen wahrnehmen und präsent in unserer Umwelt agieren. Überprüfen Sie regelmäßig, ob Sie mit Ihrem Körper in der Umwelt in einem guten Austausch sind. Ob Sie sich Ihren Aufgaben gewachsen fühlen, welche Stimmung Sie in sich tragen, ob diese Raum bekommt, wie sich Ihr Körper fühlt. Stehen Sie in einem guten Austausch zwischen Geist, Körper und Umwelt, zeigt sich dies auch in einem guten „Bauchgefühl".

2. Wir können durch die Beachtung des Konzeptes unsere Schülerinnen und Schüler besser erreichen und gemeinsam arbeiten. Denken Sie immer daran, dass das Embodiment individuell ist. Dass Ihre Schülerinnen und Schüler Ihre eigenen Muster verinnerlicht haben und diese für ihr Handeln nutzen. Versuchen Sie, diese sehr individuellen Muster nachzuvollziehen und anzunehmen. Das ist eine wichtige Voraussetzung für Ihre Beziehung zu den Schüler*innen und damit können Sie passgenaue Lernangebote schaffen.

In Teil II des Buches finden Sie die Theorie, um die **Zusammenhänge zwischen den Sinnen und Fähigkeiten** Ihrer Schüler*innen verstehen zu können.

2. Lernen

Sie haben sich sicher schon in Ihrer Ausbildung oder Ihrem Studium umfassend mit dem Thema Lernen befasst. Vermutlich arbeiten Sie bereits mit Schüler*innen. Es ist unsere Aufgabe, das Lernen gut anzuleiten, zu begleiten und zu unterstützen. Greifen Sie hier gerne auf Ihr Wissen zurück und beantworten Sie zunächst für sich: Was ist Lernen? Welche Bedeutung hat es für Sie persönlich?

Nun können Sie gerne die folgenden Ausführungen für sich einordnen.

Wie zuvor beschrieben müssen wir, laut der Embodiment-Theorie, in einem harmonischen Austausch zwischen Umwelt, Körper und Geist stehen, um lernen zu können. Dadurch verbessert sich stetig unsere Handlungsfähigkeit und wir erleben uns als selbstwirksam.

Diese Handlungsfähigkeit lässt sich auf sämtliche Handlungen, wie beispielsweise Denkprozesse, den Schreibvorgang, auf Rechenoperationen oder das Anziehen und Binden der Schuhe beziehen. Auf Grundlage von Erfahrungen lernen wir also Strategien, um mit den uns angebotenen Reizen (von innen und außen) umgehen zu können.

„Das eigentliche Lernen besteht also im Erwerb von Dispositionen, d. h. von Verhaltens- und Handlungsmöglichkeiten." (Roland Asanger, 1999, S. 393)

Dazu gehört auch das Erlernen von Vorlieben, Abneigungen, facettenreichen Emotionen wie überwältigende Freude, Liebe, aber auch Angst oder das Gefühl verlassen und alleine zu sein. Diese bestimmen wiederum in hohem Maße unseren Austausch zwischen Umwelt, Körper und Geist und somit das Lernen.

Weiter bedeutet Lernen:

- ***Lernen*** findet **bereits im Mutterleib** statt und verändert unser Gehirn fortan und nachhaltig (Plastizität des Gehirns).
- ***Lernen*** ist ein **aktiver Prozess** und sollte ausgewogen stattfinden, bzw. an unsere Bedürfnisse angepasst sein.
  Erfährt beispielsweise ein bewegungshungriges Kind, dass es in der Schule sehr viel sitzen und warten muss, so wird es vermutlich lernen, sein körperliches Bedürfnis nach Bewegung in der Schule nicht ausreichend befriedigen zu können. Es wird zunächst unbewusst lernen, sich Auswege aus der Situation zu schaffen. Eventuell wird es darin sehr geschickt werden und einen großen Lernzuwachs haben.
- Wir ***lernen*** immer! Dabei können wir uns **bewusst** Fakten merken und durch Ereignisse lernen, oder völlig **unbewusst** Fertigkeiten und Gewohnheiten (z. B. durch klassische Konditionierung) erlernen.

- Der **innere Antrieb**, das Interesse ist dabei der Motor des ***Lernens***.
- ***Lernen*** führt zu **Verhaltensänderungen** und basiert auf Übung und Erfahrung.
- ***Lernen*** ist von der **Vigilanz[3] und der selektiven Aufmerksamkeit** abhängig.
- **Emotionen** spielen beim ***Lernen*** eine wichtige Rolle.
- Eine **gute Bindung** zur Lehrkraft und den Lernpartner*innen unterstützt das ***Lernen*** deutlich (vgl. Largo, 2012).
- *Wir* brauchen **Vorbilder,** denn auch durch aktives Zuschauen und Nachahmen ***lernen*** wir.
- Wir bedienen uns ***verschiedener Lerntheorien*** (bspw. des behavioristischen und kognitivistischen Ansatzes, des Äquilibrationsprinzips, des Lernzonenmodells).

Verwende ich den Begriff Lernen im Weiteren, so gehe ich davon aus, dass Lernen

1. ein aktiver Prozess ist
2. auf Erfahrungen basiert
3. in Wechselwirkung mit der Umwelt, dem eigenen Körper, den Emotionen und dem Denken stattfindet
4. von der Umwelt und dem Körper beeinflusst wird

Jedes Einwirken der Umwelt und des Körpers setzt die Aufnahme und Verarbeitung von Sinnesinformationen voraus!

Auch hier möchte ich Ihnen ein anschauliches Beispiel anbieten:

Yasin soll in Ihrem Unterricht Anfangsbuchstaben den zugehörigen Bildern zuordnen. Doch er versteht die Aufgabe nicht und möchte nicht mehr arbeiten. Er teilt Ihnen dies mit und verweigert sich.

Zunächst sprechen Sie mit Yasin und gehen mit ihm zu Franz, seinem besten Freund (Yasin fühlt sich von ihm **angenommen**, er **freut sich – positive Emotionen**). Dort darf er zuschauen und Franz zeigt ihm, wie er die Aufgabe verstanden hat und wie er sie erledigt **(Vorbild)**. Yasin arbeitet eine Weile wie Franz, das gefällt ihm. Doch nach ca. 15 Minuten steht er immer wieder auf und wirkt abwesend. Sie haben den Eindruck, dass Yasin wie sein Freund Franz die Aufgabe ausführen möchte, er sich jedoch nicht mehr konzentrieren kann.

Sie erklären Yasin was Sie beobachtet haben und bieten ihm an, dass er das Zuordnen der Buchstaben mit dem Rollbrett erledigen darf (Yasin fühlt sich **verstanden**

3 Vigilanz „... ist eine allgemeine Aufmerksamkeitserhöhung, die auf einen örtlich unbestimmten, zeitlich früheren Hinweisreiz erfolgt.“ (Spitzer, 2007, S. 142)

und angenommen, sein **innerer Antrieb**, Rollbrett fahren zu dürfen, motiviert ihn weiterzuarbeiten). Er muss nun eine Strecke im Gang fahren und das zum Anfangsbuchstaben passende Bild holen. So ist Yasin in Bewegung und arbeitet weiter an der Aufgabe (**bedürfnisorientiert** und auf die Arbeitsphase am Tisch folgt die Aufgabe in Bewegung – **ausgewogen**). Yasin schafft es schließlich, die Aufgabe fertigzustellen. Er ist stolz, denn er hat sie vollständig erledigt.

3. Wahrnehmung

Was ist eigentlich Wahrnehmung? Gehen Sie doch einmal in sich und finden Sie Ihre eigene Definition. Lassen Sie sich ruhig einen Moment Zeit, vielleicht notieren Sie sich Ihre Gedanken.

Schmidt und Schaible finden eine Antwort und definieren Wahrnehmung folgendermaßen: „Wenn wir die Augen aufschlagen und vor uns eine blaue Fläche mit weißen Flecken darin sehen, dann nehmen wir weiße Wolken und blauen Himmel wahr, oder Schaumkronen auf den blauen Wellen eines Sees, oder ein blaues Tuch mit weißen Mustern usw. Diesen komplexen Bewusstseinsinhalt nennen wir Wahrnehmung." (Schmidt & Schaible, 2006, S. 209)

„Wahrnehmung" braucht also einen Reiz, ein aufnehmendes Sinnesorgan, Weiterleitung und die Verarbeitung/Interpretation des Reizes. Es ist demnach ein **komplexer Bewusstseinsinhalt**. Außerdem stehen wir dabei im **Kontakt mit der Umwelt** und gleichen diese mit Erfahrungen ab. Erfahrungen sind sehr **individuell**!

Spreche ich von Sinnesorgangen meine ich übrigens damit alle unsere sieben Sinne. Das sind:

1. Die Körperoberfläche mit dem Tastsinn,
2. das Innenohr mit dem Gleichgewichtssinn und
3. dem Hörsinn,
4. die Muskeln, Sehnen, Gelenke mit der Propriozeption/Tiefensensibilität,
5. das Auge mit dem Sehen,
6. der Mund und die Nase mit dem Schmecken und
7. dem Riechen.

Es gibt da tatsächlich noch einen weiteren Sinn: Den viszeralen Sinn. Er zählt ebenfalls zur Körpereigenwahrnehmung, also zur Tiefensensibilität. Er meldet uns Informationen unserer Organe weiter. Wir spüren beispielsweise ein Druckgefühl, ein Ziehen im Bauch, oder aber Schmerzen, dumpf, stechend, oder brennend. Je nach Lage, Art und Intensität lernen wir diese Informationen einzuschätzen und zu handeln.

Diese Sinne dienen der Wahrnehmung von verschiedenen Reizen. Renate Zimmer definiert den Begriff „Wahrnehmen" folgendermaßen:

„Wahrnehmen ist ein aktiver Prozeß, bei dem sich das Kind mit allen Sinnen seine Umwelt aneignet und sich mit ihren Gegebenheiten auseinandersetzt." (Zimmer, 2014, S. 15)

Diese aktive Auseinandersetzung mit der Umwelt, dieser sehr individuelle Wahrnehmungsprozess, ermöglicht es uns, in den Austausch mit der Umwelt zu kommen. Die wichtige Schnittstelle der Sinne schafft uns einen Zugang zur Umwelt und ihren Gegebenheiten um sich diese anzueignen, also zu lernen.

Lassen Sie uns gleich festhalten:

Wahrnehmung ist ein
aktiver,
selektiver und
individueller Prozess,
bei dem wir mit allen Sinnen Reize aufnehmen, diese verarbeiten, interpretieren und darauf reagieren.

„Aktiver Prozess", das hört sich nach einem sehr bewussten Vorgang an. So ist es allerdings gar nicht. Die meisten Sinnesinformationen gehen völlig unbemerkt durch Körper und Geist. Das Beste ist, wir reagieren sogar unbewusst darauf. Das nenne ich mal ein intelligentes System! Durch die vielen ausgebildeten Muster können wir, ohne nachzudenken, sehr intelligente und angepasste Handlungen ausführen und auf unterschiedlichste Bedingungen reagieren. Das begeistert mich wirklich. Weniger Begeisterung löst es bei mir natürlich aus, wenn mein System nicht richtig funktioniert und ich zum fünften Mal über die Schuhe im Flur stolpere. Immerhin kann ich mich dann auf die gute Zusammenarbeit von Körper und Umwelt verlassen und falle nicht direkt hin. Trotzdem wird mir dann dieser Wahrnehmungsvorgang durch den Schreck bewusst und löst jedes Mal vegetative Reaktionen aus.

Wenn Sie nun an den Begriff des Lernens denken, erkennen Sie, dass das Lernen ohne Wahrnehmung nicht möglich ist und die individuellen Voraussetzungen für das Lernen durch die Wahrnehmung geprägt werden. Folglich ist es unabdingbar, die Wahrnehmungsbereiche mit ihrem Einfluss auf uns und unsere Schüler*innen zu kennen!

3.1 Einführung in die Wahrnehmungsverarbeitung

Reizaufnahme und Weiterleitung

Ein Reiz wird durch ein oben genanntes Sinnesorgan aufgenommen und über Neuronen weitergeleitet. Diese Neuronen nennt man auch Afferenzen oder sensorische Bahnen, da sie den Sinnesreiz an- bzw. in Richtung Kortex weiterleiten.

Es wird allerdings nicht nur ein Reiz aufgenommen, sondern es sind Hunderte von Reizen pro Sekunde. Unglaublich!

Somit muss das Gehirn wichtige Informationen von unwichtigen trennen und diese an die verantwortlichen Stellen weiterleiten. Man könnte sagen, dass wir nur Reize nutzen können, wenn wir die eintreffenden Reize filtern können.

Geschähe dies nicht, so wären wir überwältigt von der Flut an Informationen. Wir könnten diese nicht mehr verarbeiten, die Interpretation wäre unmöglich. Wir wären handlungsunfähig! Nun gibt es auch Menschen, bei denen die Informationen nicht ausreichend gefiltert werden. Diese Personen bleiben handlungsfähig, doch es ist erkennbar, dass die Interpretation nur erschwert möglich ist. So geht es beispielsweise Ali und Frieda.

Beispiele:

Ali auf dem Weg in die Pause:

Ali möchte die Treppe im Schulhaus hinunter gehen. Er fühlt sich unsicher, er hält sich mit beiden Händen am Geländer fest. Unten im Schulhaus rennen Kinder – das ist lustig! Ali freut sich, sein Körper spannt sich an, er steht auf den Zehenspitzen und schaut ihnen zu. Es ist unglaublich laut im Schulhaus. Er möchte sich die Ohren zuhalten. Ali schaut auf seine Füße. „Huch, ich stehe auf der Treppe", denkt Ali. Andere Kinder eilen an ihm vorbei. Diese streifen ihn. Seine Hände umklammern das Treppengeländer.

Eine Lehrkraft kommt ebenfalls die Treppe hinunter, nimmt Ali an der Hand. „Ali, das ist jeden Tag dasselbe. Ich möchte, dass du morgen alleine in die Pause gehst! Du bist doch schon neun Jahre alt!"

Ja, es ist jedes Mal dasselbe. Und nie versteht Ali wie es dazu kommt. Es ist immer auf einmal so.

„Morgen gehe ich alleine in die Pause!", verspricht Ali wieder.

Ali nimmt viele Gleichgewichts-, tiefensensible, taktile, optische und akustische Reize gleichzeitig auf. Diese „überwältigen" ihn. Er vergisst völlig, dass er die Treppe hinuntergehen wollte.

Mehr zum Beispiel „Ali" finden Sie ab Seite 118

So geht es Ali. Frieda aus der Hauptstufe geht es ähnlich.

Frieda im Mathematikunterricht:

Frieda hat die Aufgabe, am Tisch sitzend, abgebildete Ziffernblätter von Uhren den digitalen Anzeigen zuzuordnen. Frieda hat die Aufgabe verstanden, das haben Sie überprüft. Nun nimmt sie ein Ziffernblatt und beginnt. Sie sieht die abgebildete Uhr, fühlt das Ziffernblatt – es ist laminiert, sie knickt es leicht, sie hört Stimmen vor dem Klassenzimmer, sie redet diesen nach, sie schaukelt mit dem Stuhl, sie sieht ihre Stifte, sie zieht ein paar Stifte heraus, die Sonne scheint in das Klassenzimmer, sie möchte die Vorhänge zuziehen, also steht sie auf…

Nach 10 Minuten stellen Sie fest, dass sich Frieda in der Leseecke befindet und in einem Buch blättert.

Frieda kennt die Uhrzeit auf den Zifferblättern und die digitalen Anzeigen. Dennoch kann sie diese in diesem Unterricht nicht zuordnen und hat keinen Lernerfolg. Ähnlich wie Ali ist Frieda überfordert durch die Flut an Reizen.

Lassen Sie uns noch ein wenig genauer hinsehen, damit wir Kinder wie Ali und Frieda in ihrem Alltag unterstützen können! Was geschieht mit den vielen Reizen? Wie werden diese weiterverarbeitet?

Mehr zum Beispiel „Frieda“ finden Sie ab Seite 110

Synapsen – Brücken zwischen den Bahnen

Jeder aufgenommene Reiz muss von Synapsen verschaltet werden. Es gibt Reize, die nur wenig verschaltet werden bevor sie eine Reaktion auslösen und Reize die tausend- und sogar millionenfach verschaltet werden, um eine koordinierte Reaktion auslösen zu können. Dies geschieht in einem Bruchteil einer Sekunde. Sie können sich also das „Feuerwerk“ in Friedas und Alis „Schaltzentrale“, dem Gehirn, vorstellen.

Einfache Reaktion:

Stellen Sie sich vor, Sie berühren beim Bügeln versehentlich die Fingerspitzen mit dem Bügeleisen. Blitzschnell ziehen Sie die Hand zurück.

Komplexe Reaktion:

Stellen Sie sich nun vor, Sie löffeln eine heiße Suppe und verbrennen sich die Zunge. Blitzschnell, aber in der Bewegung wohldosiert, werden Sie den Löffel aus dem Mund nehmen. Vielleicht ziehen Sie gleichzeitig Luft zwischen den Zähnen ein, um die verbrannte Zunge zu kühlen und vom Schmerz wird Ihnen heiß und kalt.

Schon allein die Koordination von Kopf, Arm und Hand im Zusammenhang mit dem vollen Suppenlöffel verlangt eine komplexe Verschaltung unterschiedlichster Synapsen.

Alle an einer Synapse eintreffenden Reize (elektrischen Impulse), müssen eine gewisse Stärke haben, um weitergeleitet zu werden. Ist dies der Fall, verzweigt und verästelt sich die Reaktion über viele Synapsen mehr und mehr. Letztendlich erreicht der Ursprungsreiz unterschiedlichste Hirnbereiche gleichzeitig und in Sekundenschnelle. Er kann uns (z. B. bei Schmerz) bewusst werden, löst motorische, emotionale und sogar vegetative Reaktionen aus.

Also noch einmal: damit unser Kopf nicht „durchbrennt" und wir überfordert sind, ist es wichtig, dass Reize gefiltert und gehemmt werden. Genauso wichtig ist es, dass relevante Reize verstärkt werden. Dies alles wird im Hirnstamm erledigt.

Lebenslang können die neuronalen Netzwerke und damit die Verschaltungen an die gegebenen Bedingungen angepasst werden. Damit können wir davon ausgehen, dass sich auch die Regulation der Wahrnehmungsverarbeitung an die Gegebenheiten in unserem Alltag adaptiert und damit Lernen erleichtern kann! Es ist nie zu spät, die Sinne und die Koordination zu schulen (vgl. Michaelis, 2017, S. 46).

Filterprozesse im Hirnstamm

In der Formatio reticularis werden die eintreffenden Reize (sowohl vom Kortex, als auch vom Rückenmark kommend) gefiltert und organisiert.

Um diesen Filterprozess anschauen zu können, gehen wir gedanklich zu den sensorischen Bahnen des Rückenmarks. Diese leiten also einen eintreffenden Reiz weiter und dieser setzt sich im Hirnstamm fort.

Der Mittelpunkt des Hirnstamms wird von einer Gruppe von Neuronen und Kernen (Anhäufungen von Nervenzellen, eine Art Schnittstelle für Informationen) gebildet. Diese sind netzartig miteinander verbunden. Es gleicht einem Netz und wird als **Formatio reticularis = Netzkörper** bezeichnet. Dieser „Netzkörper" spielt in der Wahrnehmungsverarbeitung eine zentrale Rolle. Hier werden Reize unbewusst zusammengeführt, verschaltet, gefiltert und organisiert **(Filterzentrum)** (vgl. Ayres, Bausteine der kindlichen Entwicklung, 2016, S. 42).

Die über unzählige Synapsen verschalteten Reize werden anschließend an die zuständigen Hirnregionen weitergeleitet. Von dort aus werden wiederum Reize über

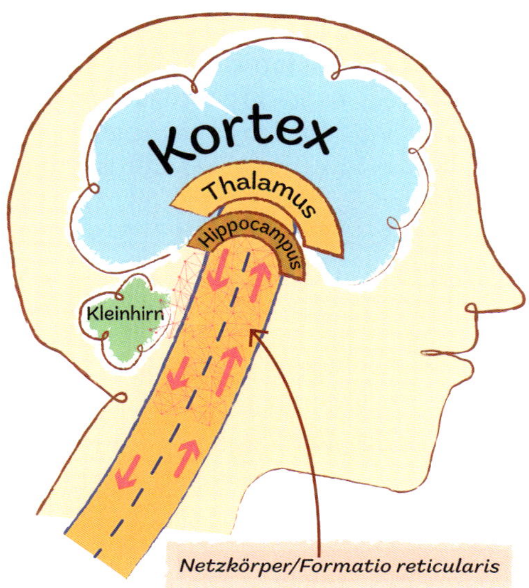

Abbildung 2:
Arbeitsprozesse im Hirnstamm

das Stammhirn, wo sie aktivierend oder hemmend auf die Formatio reticularis wirken, zurück an die ausführenden Organe geleitet.

Außerdem steuern ***aufsteigende Bahnen*** den Erregungszustand des Gehirns. So spricht man auch vom **„Weckzentrum"**.

Absteigende Bahnen zum Rückenmark beeinflussten z. B. Atmung, Herzregulation und andere vegetative Funktionen – also lebenswichtige Funktionen.

Ein wichtiger Bereich unseres Gehirns, der in direkter Verbindung mit der Formatio reticularis steht, ist das **limbische System**. Es wird auch als der **Sitz der Emotionen** bezeichnet. Alle Reize, die unseren somatosensorischen Kortex erreichen, erreichen auch das limbische System. Dieses setzt sich aus unterschiedlichen Strukturen zusammen und spielt unter anderem eine große Rolle beim Erbringen von Gedächtnisleistungen, Herstellen und Aufrechthalten können von Aufmerksamkeit, emotionalen Reaktionen. Sie wissen ja von sich selbst, dass Sie sich die Dinge, die Sie sich mit Begeisterung und Freude aneignen, besser merken können. Geraten Sie in eine ausweglos erscheinende Situation und empfinden Angst, so werden Sie sich auch an diese Situation noch gut erinnern können.

Das Hirn gleicht die Impulse stets mit Bekanntem ab und versucht diese einzuordnen. Motivation und Wachheit sind bedeutsam für den Wahrnehmungsprozess. Somit ist der **Wahrnehmungsprozess stets selektiv und subjektiv**.

Bauen wir **Bewegungssequenzen in unseren Unterricht** mit ein, so aktiviert dies unsere Schüler*innen und steigert gleichzeitig das Wohlbefinden. Berücksichtigt das Angebot die individuellen körperlichen Bedürfnisse, so werden die Schüler*innen die Aufgaben mit Freude und Motivation angehen.

Seite 17: Lernen

Seite 20: Wahrnehmung

TEIL III: Anregende Unterrichtsbeispiele, die sich das „Weckzentrum“ zunutze machen.

Modulation

Jetzt wissen Sie, dass Reize verschaltet, weitergeleitet und „gefiltert“ werden. Gleichzeitig übernimmt unser Gehirn die Aufgabe, die Impulse fein miteinander abzustimmen. Ayres beschreibt dies so:

„Sendet ein Hirnbereich Impulse aus, können andere Hirnbereiche diese Impulse verstärken, um ihnen den Weg über einzelne Synapsen zu bahnen ... Diese elektrischen Potentiale werden erregend oder exzitatorisch genannt. Andere Hirnstrukturen wiederum können Impulse senden, die die Überquerung einer Synapse behindern oder hemmen. Diese Potenziale sind inhibitorisch.“ (Ayres, 2016, S. 48)

Dabei werden

- nützliche Botschaften durch bahnende Kräfte darin unterstützt, das Gehirn zu erreichen,
- unwichtige Botschaften gehemmt und unbewusst verarbeitet – die Zahl der Impulse wird reduziert.

Unser Gehirn ist in der Lage Impulse zu verstärken und zu hemmen! Die Kombination aus Bahnung und Hemmung führt zur Feinabstimmung und Filterung.
Dies geschieht völlig unbewusst. Eine gute Modulation zeigt sich in einer optimal angepassten Handlung.
Die Modulation ist bei jedem Menschen individuell.

Diese Feinabstimmung zwischen den Sinnen brauchen wir für jede weitere höhere Fähigkeit, wie beispielsweise das Lesen, Schreiben, Sprechen, sich anziehen, Frustrationen aushalten, Geduld aufbringen, etc.

Lassen Sie es mich am folgenden Beispiel verdeutlichen:

Balancieren:
Sie balancieren auf einem Baumstamm. Die eintreffenden Gleichgewichtsreize bahnen die motorischen Reize. Sie bauen Körperspannung auf und gleichen die Bewegung aus. Gleichzeitig werden die Gleichgewichtsreize gehemmt, da Sie sonst überschießende Reaktionen haben würden und direkt aus dem Gleichgewicht kommen würden.

Sie können das Ganze ja einmal auf einer Slackline ausprobieren. Den meisten von uns geht es dann so, dass die Feinabstimmung noch nicht funktioniert. Unsere Bewegungen sind dabei überschießend und nicht angepasst, weil das Muster „Balancieren auf der Slackline" noch nicht verinnerlicht ist und die Feinabstimmung noch nicht ausgewogen ist. Ein Seiltänzer könnte vermutlich eine Tasse Kaffee beim Balancieren auf der Slackline trinken.

Abbildung 3: Balancieren auf der Slackline

Vielen unserer Schüler*innen mangelt es an dieser Feinabstimmung und sie müssen eine größere Anstrengung und Konzentration aufbringen, um (in diesem Fall) motorische Aktivitäten durchzuführen.

Die Modulation der Sinne ist übrigens nicht jeden Tag gleich. Sie ist beispielsweise abhängig davon, wie wir geschlafen haben, ob wir körperlich fit oder „angeschlagen" sind.

Beobachten Sie sich, so werden Sie beispielsweise erkennen, dass Sie sich bei Müdigkeit schlechter konzentrieren können, sich mehr bewegen müssen, oder das Gleichgewicht auf einem Bein schlechter halten können. So ist das auch bei unseren Schüler*innen. Das dürfen wir stets berücksichigen.

Zusammenspiel der beiden Hirnhälften

Die meisten unserer sensomotorischen Nervenbahnen werden zur gegenüberliegenden Hirnhälfte verschaltet. Das bedeutet, dass das ausführende Organ gegenüber der verarbeitenden Hirnregion liegt. Rechte und linke Hirnhälfte müssen gut zusammenarbeiten. Nur so können wir uns koordiniert bewegen, ein Bewusstsein für Rechts und Links, oder beispielsweise eine Händigkeit entwickeln.

Die **bilaterale Integration** ist die aufeinander abgestimmte Zusammenarbeit der rechten und linken Gehirnhälfte.

Sichtbar wird dies beispielsweise so: Frieda nimmt von rechts angebotenes Material mit der rechten Hand. Bietet man ihr Material von links an, so wird sie dies mit der linken Hand nehmen. Die Händigkeit bleibt lange unbestimmt! Die beiden Hirnhälften arbeiten noch nicht ausreichend zusammen.

In der Entwicklung zeigt sich bei vielen Kindern bereits im Alter von zwei Jahren die Händigkeit. Das ist das Alter, in dem das Kind sich Kleidung auszieht, auf Papier kritzelt, Perlen in eine Flasche steckt, Reißverschlüsse öffnet, Holzscheiben auf einen Stab steckt und einen Turm aus 4 Würfeln bauen kann. Bei all diesen Tätigkeiten braucht das Kind eine Haltehand und eine geschickte ausführende Hand. Steckt das Kind beispielsweise die Perlen mit links in die Flasche, oder zieht es den Zipper des Reißverschlusses mit seiner Linken, so ist die geschicktere Hand in diesem Beispiel vermutlich die linke.

Diesem Können gehen jedoch viele wichtige Entwicklungsschritte voraus. Bevor eine Seitendominanz (egal ob, Auge, Ohr, Bein, ...) entwickelt werden kann, übt der Körper. Zunächst scheinbar völlig unkoordiniert, später bringt das Kind die Hände zusammen, die Hände mit den Füßen und sogar dem Mund zusammen. Es erreicht somit seine Körpermitte. Bald wird es die Körpermitte kreuzen und sich beispielsweise in Bauchlage auf den linken Ellbogen stützen und mit seiner Rechten ein Spielzeug von links holen. Das Kreuzen der Körpermitte wird aber auch im grobmotorischen Bereich geübt. Jedes Rollen vom Bauch auf den Rücken und umgekehrt ist eine Übung für das Zusammenspiel der Körper- und damit Hirnhälften. Kann die Mittellinie sicher und unbewusst gekreuzt werden, kann sich auch eine Seitendominanz, also auch ein geordnetes Vorgehen im Gehirn, entwickeln. Dies ermöglicht uns nicht nur eine gute Koordination und einen geschickten Umgang mit den Händen, sondern es ist eine wichtige Voraussetzung für die Lese- und Schreibfertigkeit, das Rechnen, sowie das Planen und Umsetzten von Handlungen. Ist das Zusammenspiel gestört, besteht zusätzlich häufig eine Konzentrationsstörung.

Zusammenfassung der Begriffsklärung: Embodiment – Lernen – Wahrnehmung

Der erfolgreiche Austausch zwischen Umwelt und Schüler*in ermöglicht ihm/ihr das Lernen. Der Austausch gelingt, wenn die Wahrnehmungsprozesse koordiniert ablaufen. Ist demnach die sensorische Integration, die Feinabstimmung und Ver-

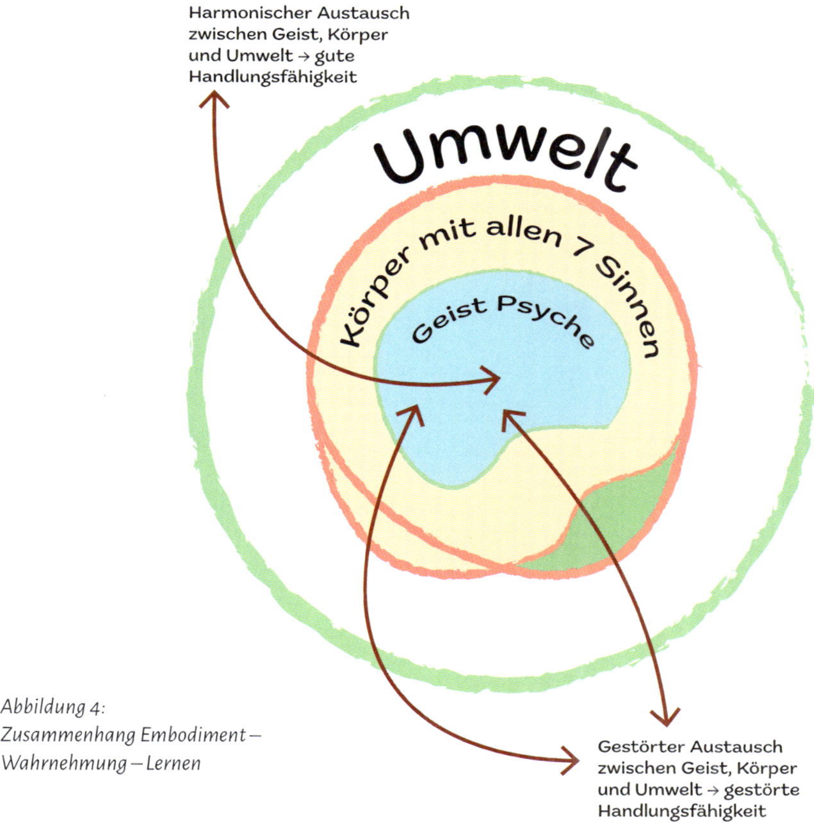

Abbildung 4: Zusammenhang Embodiment – Wahrnehmung – Lernen

schaltung der Reize gestört, so ist auch die zweifache Einbettung des Embodiments verändert. Die Handlungsfähigkeit und das Lernen sind verändert.

Um den Lernprozess unserer Schüler*innen gut unterstützen und begleiten zu können ist es daher äußerst hilfreich, eine veränderte Wahrnehmungsverarbeitung zu erkennen und um die damit verbundenen Auswirkungen zu wissen. So können wir methodisch-didaktisch passgenaue und flexible Angebote gestalten. Es wird uns besser gelingen, den Schüler*innen die benötigte Lernzeit zu geben, ihre Konzentration, Ausdauer, sensomotorischen und sozialen Fähigkeiten zu stärken und somit das Lern- und Arbeitsklima deutlich zu verbessern.

In den folgenden Kapiteln möchte ich Ihnen drei Basissinne vorstellen: den Tastsinn, die Tiefensensibilität und den Gleichgewichtssinn mit ihrem Einfluss auf die Entwicklung. Es wird die Frage geklärt, wie eine mögliche Verarbeitungsstörung zu erkennen ist und Sie erhalten diagnostische Hinweise dazu. Um das Embodiment Ihrer Schüler*innen etwas kennenzulernen, werden Sie dazu anschauliche Beispiele finden, die Sie auf Ihre Arbeit übertragen können.

Teil II: Wahrnehmungssysteme und ihre Bedeutung für den Unterricht

Das sehr individuelle Embodiment entsteht in ständiger Wechselwirkung zwischen Reizaufnahme, Verarbeitung und Antwort auf den Reiz. Wo und wann, mit welchen Sinnen beginnt der Austausch in unserer Entwicklung zwischen Geist, Körper und Umwelt? Irgendwo muss er doch beginnen!
Die zuerst arbeitenden Sinne sind der Tastsinn, die Propriozeption[4] und der Gleichgewichtssinn.

Bereits in der 8. Schwangerschaftswoche (SSW) lassen sich **Bewegungen** (Tiefensensibilität) beim ungeborenen Kind beobachten. Zur selben Zeit entwickelten sich das **Gleichgewichtssystem** und der **Tastsinn**. Die weiteren Sinnesorgane bilden sich nach und nach aus. Eine ständige Stimulation durch die Umwelt, also durch den Widerstand des Fruchtwassers mit seinen Geschmacksnoten, Geräusche, Klänge, Vibrationen und Licht sind notwendig, um die Sinne zu entwickeln und Synapsen zu bilden.

Aus Sicht der Embodiment-Theorie sehe ich die Sinne als **Bezugssinne**. Der Begriff der Bezugssinne bildet für mich das Verständnis ab, dass sich diese Sinne als Erstes entwickeln, in Beziehung miteinander stehen und alle weiteren Sinnesreize, Erlebnisse, Erfahrungen „eingeordnet" werden. Es ist eine Art persönliches Koordinatensystem, das uns hilft die Welt zu verstehen. Wir lernen die Umwelt, aber auch unsere Möglichkeiten und Grenzen kennen und einzuschätzen. Der Austausch zwischen Umwelt, Körper und Geist/Psyche gewinnt an Bedeutung (vgl. Abb. 5).

Jean Ayres, Begründerin der Sensorischen Integration, nannte die oben genannten Sinne **Basissinne**. Die Sensorische Integration versteht diese Sinne als die Basis für die Entwicklung. Dieses Verständnis und die Erkenntnisse nutze ich in den weiteren Kapiteln.

Die Basissinne ermöglichen uns ein **Bezugssystem** zu entwickeln für

- Körpergrenze (Grenze Körper-Welt)
- Bewegung, Stellung
- Lage im Raum und Schwerkraft

Damit wirken sich alle drei Bezugssinne stark auf die Entwicklung und den Lernprozess an sich aus.

4 Propriozeption: Tiefensensibilität oder Körpereigenwahrnehmung

Abbildung 5: Koordinatensystem der Bezugssinne

Das abgestimmte Zusammenspiel dieser drei Sinne bildet die Grundlage für komplexe Fähigkeiten in allen Entwicklungsbereichen. **Dabei trägt jeder Sinn auf seine eigene und grundlegende Weise zum Austausch zwischen Geist, Körper und Umwelt und der Musterbildung bei.**

Von Beginn an, gleich nach der Geburt, unterscheiden sich die Babys nicht nur in Größe, Gewicht und Aussehen. Ihre Bewegungen, ihre Mimik, ihre Reaktionen auf Reize sind bereits individuell. Diese wunderbaren Eigenarten zu sehen und die Kommunikation, den Austausch mit der Umwelt zu erkennen und ein Verständnis dafür zu entwickeln, ist die Aufgabe aller an der Erziehung und Bildung der Kinder Beteiligten.

Dabei ist häufig das intuitive Handeln, das aufmerksam und wertschätzend mit unseren Schüler*innen entsteht, nicht verkehrt. Haben wir jedoch falsche Vorstellungen und erachten daher Maßnahmen als notwendig, um normativen Zwängen wieder gerecht zu werden, so kann sich unser pädagogisches Handeln deutlich negativ auf das Verhalten unserer Schüler*innen auswirken. Dies wäre im Beispiel von Steven, wenn wir ihn durch Regeln dazu bringen wollen, niemanden und nichts mehr anzufassen.

Stevens inneres Gleichgewicht würde dadurch enorm gestört werden und dennoch würde er weiter nach Reizen suchen, da ihre Befriedigung für ihn ein Grundbedürfnis darstellt.

Noch einmal zurück zu den Bezugssinnen. Wenn diese also unsere Koordinaten für das Einordnen des Erlebten und zu Erwartenden sind, so spielen sie eine so wichtige Rolle, dass wir ihr Zusammenspiel kennen müssen. Wie diese drei Sinne im einzelnen und miteinander arbeiten, können Sie in den folgenden Kapiteln lesen, erspüren und nachvollziehen.

1. Der Tastsinn

Der Tastsinn hat großen Einfluss auf unser Körperbewusstsein, unser Verhalten und auf die feinmotorischen Leistungen.

Beim Tastsinn handelt es sich um die Sensorik der gesamten Körperoberfläche. Sie entwickelt sich bereits sehr früh. Ab der 8. SSW reagiert die Region um den Mund empfindlich auf Reize, ab der 10. SWW reagieren die Mundhöhle, Körperoberfläche zum großen Teil reiz- und schmerzempfindlich. **Damit gilt es als das erste sensorische System, das aktiv wird.** Der Mund bleibt im Übrigen sehr empfindsam. Daher ertasten Babys die Welt zunächst mit dem Mund. Auch unsere Schüler*innen greifen häufig auf das Ertasten mit dem Mund zurück.

Während der Pränatalzeit erfährt das Kind wie das Fruchtwasser um den Körper streicht, es erfährt seine Körperoberfläche – seine „Körpergrenze". Je weiter die Schwangerschaft voranschreitet, desto enger wird es für das ungeborene Kind in der Gebärmutter und desto mehr taktile Reize erfährt es – permanent und zunehmend in Verbindung mit Druck und Bewegung (Tiefensensibilität).

Je mehr sich das Kind bewegen kann, desto öfter wird es sich durch die **Begrenzung** der Gebärmutter erfahren und vermehrt Reize aufnehmen. Es wird sich immer mehr an seine Umwelt „herantasten", denn sein Gehirn möchte lernen. Es ist spannend, die eigene Hand im Mund zu ertasten, den Körper zu drehen und dabei Tastreize auf dem gesamten Körper zu erfahren.

Bereits zum Geburtstermin ist der Tastsinn voll entwickelt und bereit, die Berührungen aufzunehmen. Das Kind wird den Kontakt zur Umwelt mit seinen Bezugspersonen wahrnehmen und darauf reagieren. Die Tastempfindungen werden, durch vielfältige neue Aktivitäten, wie das Kuscheln, Nahrung aufnehmen, gewickelt werden, an Bedeutung gewinnen. Es entstehen viele alltägliche Situationen, in denen das Kind seinen Austausch mit seiner Umwelt in sein bestehendes Bezugsystem integriert und darauf reagiert.

Schon jetzt werden die Impulse aufgenommen und wie in Kapitel „Wahrnehmung" beschrieben gefiltert, moduliert und entsprechend weitergeleitet. Das Kind greift auf seine Körper-Umwelt-Erfahrungen aus dem Mutterleib zurück und entwickelt sie weiter. Es reagiert durch Reflexauslösung auf Berührung und erfährt Neues. Es lernt! Berührungen werden von ihm als angenehm, oder unangenehm empfunden. Die Sinnesempfindungen stehen damit eng **mit Emotionen in Verbindung**. Die Berührungen der Bezugspersonen sind äußerst wichtig, um das **Eingebettetsein in**

die Umwelt in positivem Sinne erleben zu können. Taktile Informationen haben also eine wichtige psychische und emotionale Bedeutung, sie beeinflussen die Entwicklung des **Urvertrauens**.

Aus der Erfahrung des Eingebettetsein in die Umwelt lernt das Kind im Austausch zwischen Geist, Körper und Umwelt die Qualität und die Lokalisation der Reize immer besser einzuordnen. Das ermöglicht es ihm, eine **Vorstellung von seinem Körper** zu bekommen **(Körperbewusstsein)**. Zunehmend erlebt das Kind sein **„Ich" in Abgrenzung zur Umwelt**. Es wird zeigen, wann es Berührung wünscht und wann es sich distanzieren möchte. Welche Materialien es ertasten und spüren will.

Der Tastsinn wirkt sich somit aus auf

- die Bildung des Urvertrauens
- das Kennenlernen der eigenen Körpergrenzen und Ausbilden eines Körperbewusstseins
- auf die emotionale Entwicklung und Psyche

In den ersten Lebensmonaten haben sich also bereits wertvolle „Erregungsmuster" gebildet. Schon jetzt wird der Kontakt mit der Umwelt individuell erlebt und die Kommunikation (die nonverbale Kommunikation selbstverständlich miteingeschlossen) mit der Umwelt lässt Rückschlüsse auf das eigene Bezugssystem zu.

Gehen wir beispielsweise von einem Kind aus, wie Lilli aus vorherigem Beispiel: Lilli erlebt die Tastempfindungen als höchst störend und unangenehm. Wie wird die Reaktion auf die Umwelt, auf die Berührungen, das Kuscheln, das Trinkverhalten und später den Brei sein?

Ein solches Kind wird sich unter Umständen von Berührungen zurückziehen, den Körper anspannen, sein Unwohlsein durch Schreien äußern. Dies wiederum verunsichert die Bezugspersonen. So wird die Interaktion zwischen dem Kind und seinen Bezugspersonen genau dies widerspiegeln. Dieses Kind wird vermutlich nicht auf den Bauch zum Spielen abgelegt. Es wird zum Beruhigen mit festem, gleichmäßigem Druck gefasst und es wird ihm wohl nicht durch die Haare gewuschelt oder zärtlich gestreichelt. Es wird sehr wachsam alles im Blick haben wollen, sich gerne früh vom Boden lösen und in den Sitz kommen.

Dies bedeutet ganz konkret: **Tastempfindungen rufen unterschiedliches Verhalten beim Kind und bei dessen Umfeld hervor.** Das ist wichtig, denn der Tastsinn hat zwei unterschiedliche Funktionen. Zum einen dient er dem Schutz vor unserer Umgebung, zum anderen können wir durch ihn die Umwelt direkt ertasten und kennenlernen. Wann diese Funktionen genutzt werden, hängt damit zusammen, wie die Wahrnehmungsverarbeitung dies erlaubt. Oder anders: die bisher entwickelten Muster werden genutzt und erweitert. Die Reize können für uns unangenehm sein und uns in Alarmbereitschaft versetzen, oder wir können uns genussvoll der Umwelt hingeben und sie ertasten. So entstehen eingespielte Muster, die nicht immer entwicklungsfördernd sind.

Lassen Sie uns die beiden Funktionen mit ihrem Nutzen ansehen, um die Reaktionen unserer Schüler*innen verstehen und das Verhalten besser einordnen zu können.

Tastsinnsysteme und Wahrnehmungsqualitäten

1. „Grobwahrnehmung“ (Protopathische Sensibilität)

Feine, diffuse Berührungsempfindung, affektbetonte Tast-Wahrnehmung

Die Prothopathische Sensibilität dient unserem Schutz. Wird sie übermäßig aktiviert, löst das direkt eine Alarmbereitschaft aus. Der Sympathikus wird aktiv und es heißt: Flucht oder Abwehr.

Entwicklungsgeschichtlich lässt sich dies gut erklären. Die Bahnen, die diese Reize aus dem Körper zum Stammhirn und in den Kortex leiten, verzweigen sich in kontralateralen Fasern und Nervenendigungen in der Formatio reticularis. Diese Reize können also besonders schnell unterschiedliche Areale des Gehirns erreichen. Damit konnten sie uns früher das Überleben sichern (vgl. Smith Roley, 2004).

Heute wäre dies meist nicht nötig und dennoch reagieren wir zum Teil hoch alarmiert.

Ich möchte Ihnen das an einem Beispiel verdeutlichen: Stellen Sie sich vor, Sie liegen alleine in Badekleidung entspannt am Strand. Es ist weit und breit niemand da. Sie haben eine Augenmaske auf, da die Sonne so hell ist und denken an Ihren letzten Eisbecher. So träumen Sie vor sich hin. Sie genießen diese Ruhe.

Plötzlich spüren Sie, dass Sie etwas am Hals, dann am Bein streift. Was es war können Sie nicht sagen. Erschrocken fahren Sie hoch und sehen, dass sich das aufgehängte Tuch vom Sonnenschirm gelöst hat und Sie vermutlich gestreift hat. Erleichtert atmen Sie auf, doch Sie spüren Ihr Herz noch heftig klopfen und die Entspannung ist leider der Anspannung gewichen.

Ein paar Fakten zur Protopathischen Wahrnehmung:

Diese kann uns in höchste Alarmbereitschaft versetzen, wirkt aktivierend, löst Stressreaktionen aus.

- Der Sensor liegt in der Haut und im Haarbalg
- Die Empfindung ist dabei: Schmerz, Temperatur, grober Druck, leichte bewegende Berührung
- Funktion: aktivierend, schützend, warnend
- Auswirkung: Muskelkontraktion, Reflex

2. „Feinwahrnehmung" (Epikritische Sensibilität)

Erkennende, diskriminierende Tastwahrnehmung

Nicht ganz so spannend, aber sehr wichtig für die Entwicklung unserer Fähigkeiten die im Zusammenhang mit dem Tastsinn stehen, ist die epikritische Wahrnehmung.

Die Nervenbahnen, die diese diskriminativen Tastreize zum Gehirn leiten, sind entwicklungsgeschichtlich gesehen die jüngeren Bahnen des Tastsinnes. Sie laufen ohne vorherige Verzweigungen zur Formatio reticularis. Direkt gelangen die Signale zum Thalamus und zum somatosensorischen Kortex. *„Kommen diese Reize im Kortex an, übt dieser eine hemmende Wirkung auf die Formatio Reticularis aus und reduziert ihre Erregbarkeit."* (Smith Roley, Blanche, & Schaaf, 2004, S. 123)

Wühlen Sie in Ihrer Tasche nach Ihrem Schlüssel oder dem Kugelschreiber, den Sie sich noch geschwind eingesteckt haben, so sind Sie beim aktiven Fühlen. Sind Sie gerade im Gespräch, so kann es sein, dass Sie abwesend wirken, denn Ihre Konzentration liegt voll in Ihrer Tasche bei den Taschentüchern, dem Einkaufszettel oder dem Schlüssel.

Auch wenn wir massiert werden ist dieses System aktiv und wir können uns, sofern wir nicht Lilli sind, völlig entspannen.

Ein paar Fakten zur epikritischen Wahrnehmung:

Sie unterstützt die feinmotorischen Leistungen, genussvolles Ertasten und das wahrnehmen von Körperkontakt.

- Der Sensor liegt in der Haut und in den Muskeln
- Empfindung: Berührung, Druck, Vibration
- Funktion: überwachend, hemmend, kontrollierend
- Sie dient damit der Diskrimination[5] von Reizen
- Auswirkung: Koordination der Muskelbewegung

Sie sehen also, der Tastsinn kann zum aktiven und hingebungsvollen Ertasten genutzt werden, er kann aber auch dazu beitragen, dass wir vor der Umwelt flüchten und unter Stress stehen. Bei Schüler*innen, die oft angespannt erscheinen und schnell aus der Haut fahren springt dieses Schutzsystem sehr schnell an. Damit haben sie leider nur selten die Chance, ihre Umwelt und die verschiedenen Wahrnehmungsqualitäten genussvoll zu ertasten.

Wahrnehmungsqualitäten des Tastsinnes

Der Tastsinn gibt uns nicht nur Auskunft über „ich berühre etwas – da ist etwas" oder „ich berühre nichts". Über verschiedene Rezeptoren können wir:

1. **Temperatur empfinden** – dabei wird zwischen Warm- und Kaltsinn unterschieden (da das Empfinden von Wärme und Kälte an unterschiedlichen Hautpunkten wahrgenommen wird). Die Temperaturempfindung wird immer im Vergleich zum vorigen Temperaturreiz wahrgenommen. Sie kennen das: Gehen Sie beispielsweise im Schwimmbad aus der heißen Dusche in das Schwimmerbecken, so werden Sie dieses als kalt wahrnehmen. Haben Sie sich, im Vergleich dazu, zuvor kalt abgeduscht, so ist dasselbe Schwimmerbecken angenehm warm.
2. **Beschaffenheit einer Oberfläche** – Mechanosensoren nehmen die Reize auf und arbeiten miteinander und stimmen sich ab. An den Handinnenflächen – genauer noch an den Fingerbeeren – und im Mundbereich haben wir deutlich mehr Mechanosensoren als beispielsweise am Rücken. So ist das Auflösungsvermögen von Tastreizen an Zunge, Lippen und Fingerbeeren am größten. Unsere Schüler*innen greifen nach den Dingen, die sie genauer „betrachten" wollen. So erhalten sie über den Tastsinn ein genaueres Bild davon.
3. **Druck** – tieferliegende Mechanosensoren (Vater-Pacini-Körperchen) nehmen einen Reiz erst wahr, wenn er mit mehr Druck verbunden ist. Somit geht diese Wahrnehmungsqualität Hand in Hand mit der Tiefensensibilität (Kapitel II – Seite 65).

---

5 Diskrimination von Reizen hier: eintreffende Reize werden in Beziehung zueinander gesetzt. Der zeitliche und örtliche Abstand wird dabei verrechnet. Die Anzahl der Tastkörperchen spielt dabei eine wesentliche Rolle. So ist die Diskriminierungsfähigkeit beispielsweise auf den Fingerbeeren erheblich größer als auf der Haut des Rückens.

4. **Schmerz empfinden** – Schmerzrezeptoren, die in verschiedenen Hautschichten liegen, nehmen starke, verletzende Oberflächenreize wahr. Sie dienen unserem Schutz.

In Verbindung mit den oben genannten Wahrnehmungsqualitäten trägt der Tastsinn bei zur

a) Entstehung der **Raumvorstellung** während der frühkindlichen Entwicklung

b) Gestaltwahrnehmung von Gegenständen, d. h. heißt **Stereognosie**. Dies ist die Fähigkeit der Gestalt- und Raumwahrnehmung durch Betasten. Der Verlust dieser Fähigkeit nennt sich Astereognosie

c) zur **Materialerkennung** (Temperatur- und Oberflächensensibilität)

d) **Bewegungswahrnehmung** (Luftzug, bewegter Reiz auf der Körperoberfläche)

e) **feinmotorischen Koordination und Grafomotorik.** Hierzu gehört die Fähigkeit, Verschlüsse öffnen und verschließen zu können, zu schneiden, zu malen, zu schreiben, oder schlicht ein Brettspiel zu spielen, ohne die Figuren umzustoßen.

Damit die Raumvorstellung, Materialerkennung, Bewegungswahrnehmung, feinmotorische Koordination und Grafomotorik durch den Tastsinn unterstützt werden können, brauchen wir empfindliche Tast-Sensoren (verschiedene Mechanosensoren, Thermosensoren, ...). Unser Zentralnervensystem differenziert die Informationen aus benachbarten Sensoren und erfasst so ein räumliches Muster. Zudem wird der sensorische Einstrom mit der Tastmotorik verrechnet und mit unseren Erfahrungen abgeglichen. So gelingt es uns, eine Vorstellung der Gestalt eines Gegenstandes zu bekommen (bspw. mein Schlüssel in der Tasche besteht aus vielen kleinen, festen Teilen und diese sind kühl, wohingegen der Geldbeutel rechteckig, weich und handwarm ist) (vgl. Schmidt & Schaible, 2006, S. 217).

Dabei gilt stets: die Mehrzahl der Reize bleibt unbewusst! Auch die unbewusst verarbeiteten Reize beeinflussen Bewegung, Kommunikation, lösen Emotionen aus, ...!

Siehe auch Teil I Kapitel 3 – Wahrnehmung (ab Seite 20)

Weiterführende Literatur: umfassende Informationen zu den Sinnessystemen aus neurophysiologischer Sicht finden Sie in „Neuro- und Sinnesphysiologie", von Schmidt & Schaible, erschienen 2006 im Springer Medizin Verlag (siehe Literaturliste).

1.1 Modell wechselseitiger Einflussnahme der Sensomotorik

Dieses Modell können wir immer wieder zur Hand nehmen und daraus **Schlüsse für unser methodisches Handeln** ziehen.

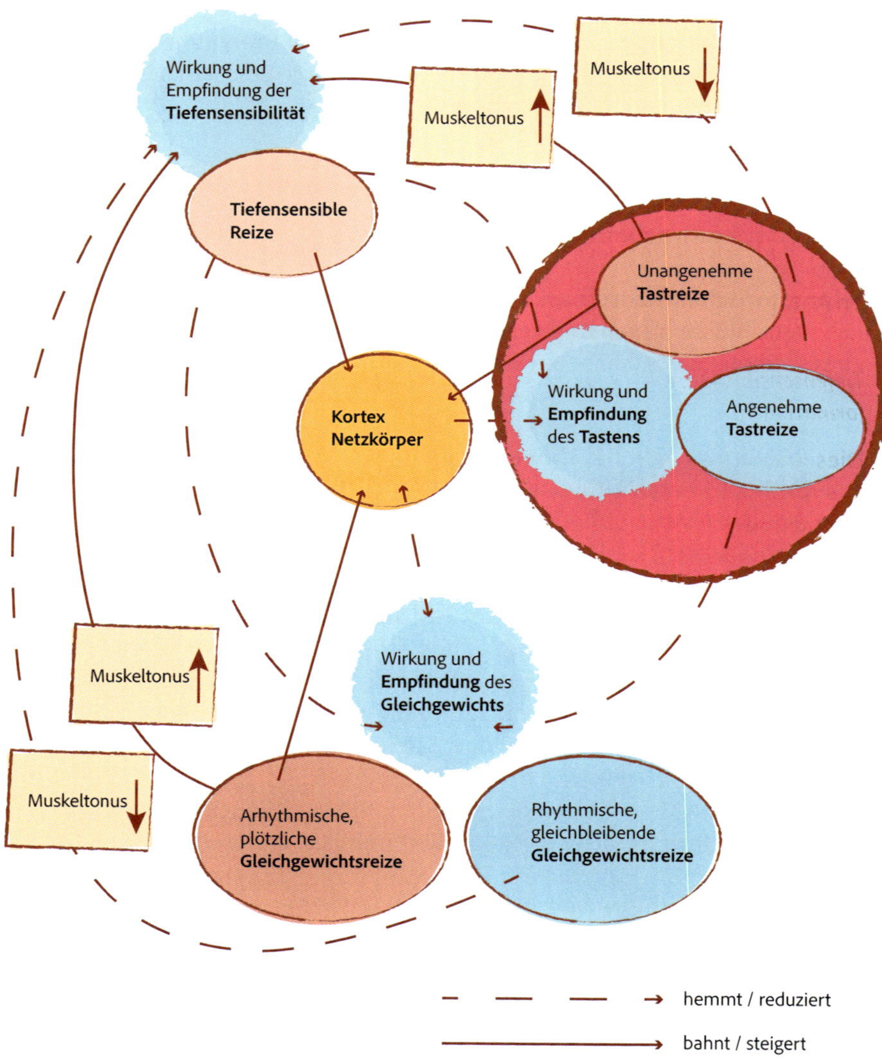

Abbildung 6: Modell wechselseitige Einflussnahme der Sensomotorik – Fokus Tastsinn

Schauen Sie auf den Tastsinn. Hier können Sie beispielweise ablesen:

a. *Als angenehm empfundene Tastinformationen reduzieren unseren Muskeltonus (Körperspannung) und vermindern damit die tiefensensible Rückmeldung.*

   Lassen Sie mich direkt einen Übertrag in die Schule schaffen. Angenommen Fridolin ist nach der Sportstunde enorm aufgeregt. Er schreit herum, hüpft und wedelt mit den Händen. Sie haben den Eindruck, dass er sich in diesem Zustand nicht umziehen kann. Vermutlich wird es in der Umkleide eskalieren. Nun können Sie über den Tastsinn Spannung aus und Ruhe in Fridolins Körper „zaubern".

   Möglichkeiten dazu finden Sie in Teil III des Buches

b. *Als unangenehm empfundene Tastinformationen erhöhen unseren Muskeltonus (Körperspannung) und steigern damit die tiefensensible Rückmeldung.*

   Diese Information ist wichtig, um uns die Anspannung mancher Schüler*innen im Alltag erklären zu können.

c. *Tiefensensible Reize – Gewichte, aktive Bewegung regulieren und hemmen die Tastinformationen.*

   Dies können wir uns zunutze machen, wenn wir hochsensible Schüler*innen aus ihrer Anspannung lösen möchten. Bei diesen Schüler*innen müssen wir über die Tiefensensibilität arbeiten.

d. *Bewusst wahrgenommene – beobachtbare Reize werden gehemmt.*

   Auch dies ist gut zu wissen, denn dann werden wir unseren hochsensiblen Schüler*innen immer die Möglichkeit zur visuellen Kontrolle geben.

e. *Tastempfindungen regen unseren Netzkörper an, aktivieren das Gehirn. Unsere Wachheit steigt.*

   Kennen Sie diese verregneten, schläfrigen Morgen, an denen sich die Lernenden gähnend den Kopf abtützen und abwesend „durch Sie hindurch blicken"? Das sind diese Momente, in denen wir gemeinsam unsere Körper wachklopfen. Das aktiviert sofort.

   Siehe Buch Teil III

1.2 Bedeutung der taktilen Wahrnehmungsverarbeitung für den Unterricht

Zusammengefasst nimmt der Tastsinn einen großen Einfluss auf folgende Entwicklungsbereiche, Fähigkeiten und Fertigkeiten:

- Verhaltenssteuerung und Umgang mit Emotionen (Freude/ Frust) - die Frustrationstoleranz
- körperlichen Kontakt mit Einhalten adäquater Nähe und Distanz zur Umwelt (mit Menschen, Tieren, Dingen)
- Verhalten in Gruppen und Menschenansammlungen
- das Körperbewusstsein und die Körperpflege (Hände waschen, Haare kämmen und waschen, Duschen, Pflege der Fingernägel, ...)
- Essverhalten (Toleranz und Vorlieben bei Speisen, Temperatur des Essens)
- Schmerzempfinden allgemein
- den sachgerechten und sorgfältigen Umgang mit Materialien (Schul- und Arbeitsmaterialien, Materialien anderer, Anschauungsmaterialien, ...)
- die Konzentrationsfähigkeit und das Fokussieren der Aufmerksamkeit
- die feinmotorischen Fertigkeiten (beim Verschlüsse öffnen und schließen, schneiden mit dem Messer, ... scheinen die Bewegungsabläufe zart, sehr kraftvoll, unkoordiniert, führen nicht zum Erfolg, ...)
- die Grafomotorik (veränderte Stifthaltung, -führung, -druck – leicht und zart oder sehr fest) – geringere Ausdauer beim Schreiben/Malen

Beobachten Sie, dass Ihre Schüler*innen **in mehreren der oben genannten Bereiche** an ihre Grenzen stoßen, **oder die Umwelt** stößt in den oben genannten Bereichen immer wieder an ihre Grenze, so muss der Tastsinn unter die Lupe genommen werden. Konkret bedeutet dies beispielsweise, dass Ihr Schüler Steven nicht bemerkt, dass er die Marmelade noch an den Händen hat und sein Heft gerade verschmiert, dass er schon wieder alle seine Mitschüler*innen herzlichst umarmt, oder den Reißverschluss seiner Jacke einfach nicht gefasst bekommt. Für uns und Stevens Mitschüler*innen würde das bedeuten, dass wir ihn in angemessenem Maße vermehrt Nähe schenken dürfen, dass wir im Blick haben dürfen, wie er mit unseren Materialien umgeht, ... Das kann für alle anstrengend werden. Somit gerät die „Umwelt“ an ihre Grenze.

Hierfür schauen wir uns zunächst **zwei Varianten der veränderten Verarbeitung der Tastinformationen** an.

Wie in Teil I, Kapitel „Einführung in die Wahrnehmungsverarbeitung“ beschrieben, werden Reize gebahnt oder gehemmt. Sie werden so moduliert, dass ein guter Austausch zwischen Umwelt, Körper und Geist möglich ist (Siehe auch Teil I, Kapitel „Embodiment“). Aufgrund der sehr individuellen Modulation, reagieren wir und unsere Schüler*innen auf Reize unterschiedlich.

Im Folgenden möchte ich Ihnen **zwei Extremformen der Modulation des Tastsinnes** vorstellen. Nur selten sind solch klare Bilder der Modulationsvariation zu beobachten, doch diese sehr deutlichen Bilder lassen sich leichter nachvollziehen, merken und auf den Schulalltag übertragen. Mit Sicherheit werden Sie auch bei sich selbst die eine oder andere Variation erkennen.

Wir unterscheiden zwischen einer **Hyperaktion** und einer **Hypoaktion** des taktilen Systems.

1.3 Hyperaktion der taktilen Wahrnehmung

Dies bedeutet:

- Die aufgenommenen taktilen Reize werden nicht genügend gehemmt
- Eine Überempfindlichkeit entsteht
- Das „Schutzsystem“ ist zu schnell aktiv – Dadurch bleiben die taktilen Informationen diffus und ungenau und führen zu Verunsicherung
- Eine taktile Abwehr kann entstehen und löst Angst vor Tastreizen und Berührungen aus

---

Außerdem:
Bei einer bestehenden taktilen Hyperaktion sind häufig auch andere Sinne, wie der Sehsinn, der Hörsinn, Geruchs- und Geschmacksinn überempfindlich!

Schön und gut. Aber wie fühlt sich das an? Lassen Sie sich auf das Beispiel ein und versuchen Sie nachzuempfinden, wie es sich anfühlen könnte.

Nachvollziehen Hyperaktion des Tastsystems

Nehmen Sie sich nun ein wenig Zeit und versuchen Sie sich in die nachfolgend beschriebene Situation hineinzuversetzen.

Stellen Sie sich Folgendes vor: Seit zwei Tagen ist Ihre Haut am ganzen Körper *gereizt, sie juckt, Sie haben einen empfindlichen Ausschlag. Leider haben Sie kein Medikament entdeckt, dass Ihnen weiterhelfen könnte.*

Heute haben Sie nach der Schule auch noch ein wichtiges und problematisches Elterngespräch. Auch die Schulleitung wird dabei sein, der Termin lässt sich leider nicht verschieben.

Es ist Winter. Sie fragen sich, was Sie anziehen sollen. Jede Naht ist auf Ihrem Körper unangenehm. Sie haben eine lockere Jogginghose. Die war in den vergangenen Tagen erträglich. Sie ziehen sich also an und merken, dass Sie Ihre Kleidung am liebsten wieder ausziehen würden. Sie sind angespannt und gereizt!

*In der Schule angekommen (zum Glück mussten Sie nicht mit dem Bus fahren, das hätte Ihnen den letzten Nerv geraubt), versuchen Sie so normal und gelassen wie möglich mit den Kollegen*innen und Schüler*innen umzugehen. Es fällt Ihnen unglaublich schwer. Schon Kleinigkeiten bringen Sie in Rage.*

Spüren Sie nach was die Situation mit Ihnen macht!

Es ist 12:30 Uhr und die Eltern und die Schulleitung erscheinen zum Gespräch. Sie sind viel ungeduldiger. Sie möchten sich an jeder Stelle Ihres Körpers kratzen und reiben. Immer wieder bemerken Sie, dass Sie Ihre Hände fest geballt halten. Sie möchten aus der Situation und Ihren Körper kühlen. Es ist eine Qual! Dabei wollen Sie gleichzeitig geduldig und höflich bleiben. Wie ist das zu schaffen?

Fühlen Sie sich in Ihren Körper ein. Wie wäre Ihre Muskelspannung? Wie hoch wäre Ihr Stresslevel? Was brauchen Sie ganz konkret? Was würde Ihnen helfen?

Vermutlich hätte es Ihnen geholfen, sich immer wieder aus der Situation ziehen zu können. Allein das Verständnis Ihrer Kollegen*innen und Ihrer Schulleitung wäre eine Wohltat gewesen.

So, oder so ähnlich fühlt sich ein*e Schüler*in mit einer starken Hypersensibilität des Tastsinnes. Sicher konnten Sie die Anspannung nachempfinden. Dieses hohe

Stresslevel ist ihr/sein normales Level. Das ist für sie/ihn und für die Menschen, die mit ihr/ihm arbeiten eine Herausforderung.

Was diese Schüler*innen grundsätzlich brauchen, finden Sie auf Seite 50

Das Problem ist jedoch nicht nur die aktuelle Situation und der Alltag. Wenn wir bedenken, welche Rolle der Tastsinn in der Entwicklung spielt und welche Fähigkeiten er unterstützt, so liegt es auf der Hand, dass sich diese Hyperaktivität auf die sich entwickelnden Fähigkeiten auswirken wird. Nachvollziehbar ist zudem, dass das protopathische System (Schutzsystem, Grobwahrnehmung) sehr viel schneller und häufiger reagiert, als das epikritische (Feinwahrnehmung). Somit werden diese Schüler*innen häufig angespannt wirken und sich eher aus der Situation ziehen, bzw. aus einem sicheren Abstand zuschauen. Von Beginn ihrer Entwicklung an werden sie immer wieder ein höheres Stresslevel haben. Ihr als normal empfundenes Stresslevel wird ein recht hohes sein.

Dies hat zur Folge:
Vermeidung von Berührungen, Vermeidung von Tasterfahrungen häufig Anziehprobleme, Vermeidung von Körperkontakt, schnell in Alarmbereitschaft, gerät emotional leicht aus dem Gleichgewicht, ...

Mit dem folgenden Fallbeispiel „Lilli" können wir unser Wissen auf den Schulalltag übertragen.

Fallbeispiel Lilli

Aufbau des Fallbeispiels:

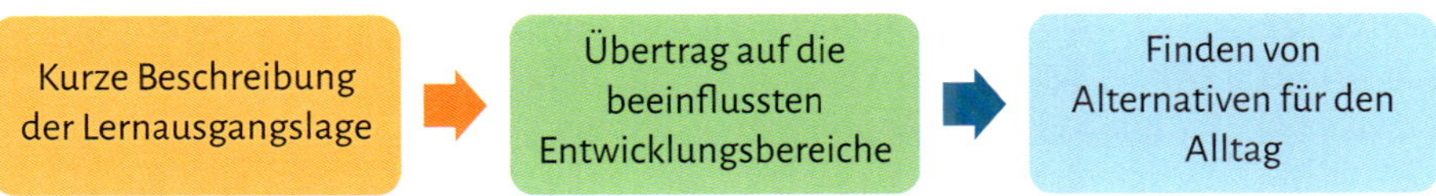

Achtung: dieses Beispiel stellt wenige Merkmale heraus. Im Alltag sollten natürlich IMMER alle Hypothesen in Betracht gezogen und überprüft werden! Da wir uns im Moment dem taktilen System widmen, möchte ich dieses in diesem Beispiel im Auge behalten.

Lilli ist 11 Jahre alt, hat eine geistige Behinderung und besucht im fünften Jahr ein SBBZ im Förderschwerpunkt geistige Entwicklung. Im Bus, mit dem sie zur Schule fährt, sitzt Lilli vorne. Es hat sich gezeigt, dass der vorherige Sitzplatz ***zwischen den Mitschüler*innen*** *__ständig zu Konflikte__n geführt hat. Lilli war sehr __häufig gereizt, hat geweint__ und sich über ihre Sitznachbarn beschwert. Meist musste sie zu Unterrichtsbeginn schon das __Klassenzimmer verlassen__, da sie wegen Kleinigkeiten so __aufgebracht und wütend__ war.*

*Jetzt kommt Lilli in der Regel entspannt und mit einer guten Stimmung in der Schule an. An der Garderobe zieht sie sich ihre Schuhe und ihre Jacke selbständig aus. Im __Klassenverband „fährt sie regelmäßig aus der Haut"__. Zum Teil reicht es, wenn __Mitschüler*innen ihren Schulranzen oder gar das mitgebrachte Kuscheltier anfassen__. Es ist kaum auszuhalten für sie. Körperkontakt, auch zufälliger ungewollter __Körperkontakt__, löst eine erhöhte Spannung und emotionalen __Stress__ bei ihr aus.*

*Sollen sich die Schüler*innen an den Händen fassen, so gelingt Lilli dies, doch sie löst den __Handkontakt__ schon nach wenigen Sekunden. Dabei wird sie unruhig, geht auf die Zehenspitzen und erscheint deutlich angespannt.*

Im Kochunterricht fällt auf, dass Lilli __ständig ihre Hände wäscht__. Schneidet sie beispielsweise eine Gurke, oder räumt die Schalen vom Tisch, so geht sie im Anschluss direkt zum Händewaschen.

Im Schulalltag meidet Lilli unübersichtliche Situationen. In den Pausen beobachtet sie das Treiben der anderen vom Rand, oder sie schaukelt.

Mit ihren Materialien geht Lilli sehr sorgsam um. Ihre Hefte haben keine Eselsohren und egal welches Wetter herrscht, Lillis Schuhe und __Kleidung sind nie nass oder schmutzig.__

Lilli braucht beim __Umziehen__ nach dem Sport- oder Schwimmunterricht stets sehr lange. Sie hat eine eigene __Raumecke, in der sie sich umziehen__ kann. Somit kann sie sich schon deutlich besser auf ihre __Aufgabe fokussieren und konzentrieren__. Hosenknöpfe kann sie selbstständig öffnen, das Schließen gelingt ihr noch nicht (es scheint die Kraft zu fehlen). Sie zieht ihre Strümpfe, Strumpfhose immer so weit wie möglich hoch, sie zupft und richtet die Kleidung. Es ist deutlich zu beobachten, dass sie sich dabei unwohl fühlt. Muss sie sich beeilen, __weint__ sie __schnell, ist wütend und verzweifelt__.

Beim letzten Elterngespräch berichteten ihre Eltern, dass Lilli zurzeit immer __nur eine Hose anziehe__. Sie habe daher mehrere davon besorgt – nur dass wir uns nicht zu wundern bräuchten, warum Lilli immer in derselben Hose zur Schule käme.

Beim Übernehmen von Diensten im Schulalltag ist uns im Klassenteam aufgefallen, dass Lilli sich stets für den Ordnungs- oder Stundenplandienst meldet. Gelegentlich übernimmt sie das Kehren, doch das __Tisch- oder Tafelwischen meidet sie__.

Insgesamt hat Lilli schon eine recht sichere Vorstellung von ihrem Körper. Sie kennt ihre Körperteile, Gelenke wie Ellbogen, Knie und kann ihre Finger benennen sowie diese einzeln differenziert bewegen. Diese Sicherheit zeigt sie auch beim Malen und bei den Schreibübungen. Dabei ist ihr Stiftdruck eher zart und die Ausdauer gering.

Übertrag auf die vom Tastsinn beeinflussten Entwicklungsbereiche:

Die von Lilli aufgenommenen **Tastreize werden sehr stark gebahnt** und stören den Austausch zwischen Lilli und Umwelt.

Jetzt nehme ich die Liste von Seite 42 und gleiche sie mit den gemachten Beobachtungen von Lilli ab und finde Alternativen für unseren gemeinsamen Alltag.

Beim Entwickeln von Alternativen können Sie das Modell der wechselseitigen Einflussnahme der Sinne zur Hilfe nehmen.

Hinweise zum Tastsinn finden Sie ab Seite 41.

Vom Tastsinn beeinflusste Entwicklungsbereiche	**Sie zeigt eine Veränderung in den folgenden Bereichen**	**Sich direkt ergebende Alternativen für Lilli**
Verhaltenssteuerung und Umgang mit Emotionen (Freude/Frust) - die Frustrationstoleranz, körperlichen Kontakt mit adäquater Nähe- und Distanz	Lilli ist häufig sehr angespannt. Dies führt auch dazu, dass sie ihre Emotionen nicht kontrollieren kann. Sie wird wütend, weint und scheint verzweifelt.	Stresslevel senken durch Meiden von (für Lilli) unübersichtlichen Situationen, Körperkontakt und weiche, feuchte, Materialien – Körperkontakt meiden und ankündigen!
Verhalten in Gruppen und Menschenansammlungen	Menschengruppen meidet sie. Auch im bekannten Umfeld – Pausenhof.	Meiden – Randplatz – Lilli muss die Situation im Blick haben können (Pause).
Körperbewusstsein und die Körperpflege (Hände waschen, Haare kämmen und waschen, Duschen, Fingernägel, ...)	Lilli wäscht sich häufig die Hände – auch wenn nur die Fingerspitzen die Gurkenschalen berührt haben. Dabei spannt sie ihre Hände fest an.	Lilli Zeit geben, ohne andere Personen die Hände zu waschen. Eventuell kann eine Schüssel mit Wasser bereitgestellt werden, da fließendes

Vom Tastsinn beeinflusste Entwicklungsbereiche	Sie zeigt eine Veränderung in den folgenden Bereichen	Sich direkt ergebende Alternativen für Lilli
		Wasser für Lilli unangenehm ist. Zum Duschen und Haarewaschen ausreichend Zeit einplanen. Lilli darf bestimmen, wann, wo und wie das Wasser auf sie treffen darf und soll.
Essverhalten (Toleranz und Vorlieben bei Speisen, Temperatur des Essens)	Keine Aussage dazu	Allgemein gilt: Vorlieben hinsichtlich des Geschmacks, der Temperatur und Konsistenz beachten! Essen zu sich zu nehmen ist eine sehr persönliche Aktivität und darf dies widerspiegeln.
Schmerzempfinden allgemein	Keine Aussage dazu. Bei einer bestehenden Hypersensibilität ist die Schmerzempfindung meist erhöht.	Den Schmerz ernstnehmen und für Linderung sorgen. Je nach Schmerzquelle und persönlichem Empfinden können Wärme, Kälte, Druck, Ablenkung oder Stressabbau über Bewegung hilfreich sein.
Sachgerechter und sorgfältiger Umgang mit Materialien (Schul- und Arbeitsmaterialien, Materialien anderer, Anschauungsmaterialien, …)	Lilli geht mit ihren Materialien sehr sorgfältig um. Dafür braucht sie Zeit.	Entsprechend Zeit einplanen. Sie muss ihre Aufgaben in Ruhe erledigen können, da ihr Stresslevel bereits sehr hoch ist.
Konzentrationsfähigkeit und das Fokussieren der Aufmerksamkeit	Lilli lässt sich durch andere Personen in ihrer Nähe sehr leicht ablenken. Auch bei Aufgaben mit unterschiedlichen Materialien (wie beim Ko-	Nicht hinter Lilli durchgehen, von vorne ansprechen. Lilli bekommt im Klassenzimmer einen Randplatz, möglichst mit ei-

Vom Tastsinn beeinflusste Entwicklungsbereiche	**Sie zeigt eine Veränderung in den folgenden Bereichen**	**Sich direkt ergebende Alternativen für Lilli**
	chen) verlässt sie schnell die Handlung und geht bspw. Händewaschen, oder zieht sich aus der Situation.	ner Wand hinter Lillis Platz und mit Abstand zu ihren Mitschüler*innen.
Feinmotorischen Fertigkeiten (beim Verschlüsse öffnen und schließen, schneiden mit dem Messer, ...	Lilli kann die Verschlüsse an ihrer Kleidung selbständig öffnen und schließen.	Achtung: An- und Umziehsituationen sind häufig unübersichtliche Situationen. Das bedeutet Stress für Lilli → siehe: „Verhalten in Gruppen“
Grafomotrik (veränderte Stifthaltung, -führung, -druck – leicht und zart oder sehr fest)	Geringere Ausdauer beim Schreiben/Malen.	Eventuell Reduktion der Aufgabe. Verwendung eines weichen Stifts.

Das Thema Körpergrenzen und die eigene Grenze im Kontakt zu anderen zu erkennen sowie die Grenzen der anderen zu respektieren, ist ein sehr wichtiges Thema im Schulalltag. Es ist wichtig und hilfreich, die Schüler*innen immer wieder dafür zu sensibilisieren. Im Kontakt mit Lilli werde ich von vorne auf Lilli zugehen und mindestens eine Armlänge Abstand halten. Dazu werden auch ihre Mitschüler*innen angeleitet.

Formulieren wir gemeinsam **Kompetenzen** für Lilli, ist deutlich geworden, dass die Rahmenbedingungen eine große Rolle spielen und mitberücksichtigt werden müssen.

Wichtig ist auch, dass Schüler*innen wie Lilli dennoch Tastinformationen brauchen. Sie müssen Tasterfahrungen sammeln! In ihrem Maße und nach ihren Bedürfnissen.

Grundsätze der Unterstützung im Schulalltag bei Schüler*innen mit taktiler Hypersensibilität

Vermuten Sie eine taktile Abwehr bei einem/einer ihrer Schüler*innen so können Sie ihm/ihr Folgendes anbieten:

✓ Vermeiden Sie zufällige Berührungen – auch untereinander, beispielsweise im Vorbeigehen
✓ Geben Sie diesem/dieser Schüler*in einen Randplatz (egal ob vorne oder hinten)
✓ Beobachten Sie, dass der/die Schüler*in unruhig ist, geben Sie ihm festen Druck, reiben Sie die Körperstelle, den Körper → Spiel Sandwich, Gewichtsweste
✓ Bei der Auswahl von Diensten: Tafel- und Tischwischen ist besonders unangenehm (Trockentuch bereitlegen)
✓ Im Unterricht: Überlegen Sie mit welchen Materialien Sie in Kunst oder auch im Kochunterricht arbeiten. Feuchte, klebrige Materialien lösen Stress aus. Auch hier kann ein Tuch in der Nähe helfen, damit sich der/die Schüler*in auf die Aufgabe besser einlassen kann.
✓ Aktivitäten mit schwerer Muskelarbeit beruhigen/organisieren die taktile Wahrnehmung (Kiste tragen, kleine Dienste, Bewegung allgemein)
✓ Ist der/die Schüler*in schon angespannt, reagieren Sie geduldig! Denn wie Sie wissen ist er/sie schon in Alarmbereitschaft!

Die Wahrnehmung wird dabei nicht an jedem Tag gleich verarbeitet. Sind wir müde, werden wir krank, gibt es äußere Umstände, die uns aus der Ruhe bringen, so hat dies Einfluss auf unsere Wahrnehmungsverarbeitung.

Zum Kopieren, als Hilfestellung und Anleitung für Sie und von Personen, die mit Ihren Schüler*innen arbeiten.

1.4 Hypoaktion des taktilen Systems

Dies bedeutet:

– Die taktilen Reize werden nicht ausreichend gebahnt
– Es besteht eine Unterempfindlichkeit der Körperoberfläche – des Tastsinns
– Betroffene werden nach diesen Reizen „suchen“, oder diese provozieren

Wir können anhand eines Beispiels versuchen nachzuvollziehen, wie sich das anfühlt. Nehmen Sie sich hierfür Zeit und versetzen Sie sich wieder in die Person hinein. Damit gelingt Ihnen der Übertrag in den Schultag um einiges leichter!

Nachvollziehen Hypoaktion des Tastsystems

Nehmen Sie sich Zeit zum Lesen und fühlen Sie sich in das Beispiel ein.

Stellen Sie sich vor, Sie würden morgens aufwachen und wären in einen ca. zwei cm dicken Watteanzug gepackt. Von Kopf bis Fuß. Sie stehen auf, Sie spüren Ihr Bett und den Boden kaum. Merkwürdig, denn wenn Sie an sich herunterblicken, sehen Sie den Anzug nicht. Sie sehen Ihren Körper.

Sie richten sich Ihr Frühstück. Sie gehen an den Schrank und greifen nach dem Griff. Sie müssen kräftig zugreifen, damit Sie ihn spüren. Sie nehmen sich ein Glas. Hoppla, was war das? Haben Sie irgendwo etwas gestreift? Sie haben es nicht gespürt, aber so muss es gewesen sein, denn das Glas ist Ihnen aus der Hand gefallen.

Nach dem Frühstück gehen Sie einkaufen. Irgendwie ist das alles nicht so einfach. Sie ziehen sich die Jacke an, spüren diese aber gar nicht auf Ihrem Körper. „Jetzt den Reißverschluss schließen", denken Sie. Sie schauen ganz genau hin, denn Sie spüren ihn kaum durch den Anzug hindurch. Es gelingt Ihnen nicht, die zwei Teile ineinander zu schieben. Genervt geben Sie auf. „Ist doch auch egal, so kalt wird es schon nicht sein!" Tatsächlich, es sind zwar nur 8 °C, aber das spüren Sie auch nicht. Es geht gut mit der offenen Jacke.

So langsam bemerken Sie, wie das Bedürfnis nach „sich spüren" wächst. Ihr Körper, die Schritte, alles fühlt sich komisch an. Mit einem Blick auf Ihre Schultern vergewissern Sie sich, dass Sie den Rucksack auch wirklich mitgenommen haben. Am liebsten würden Sie mal gerne irgendwo kräftig dagegen rempeln, vielleicht gegen eine Wand?

Die Herausforderungen im Laden können Sie sich ja vorstellen. Nicht an die Regale oder Menschen stoßen, die Dinge nicht fallen lassen, den Rucksack und Geldbeutel öffnen. Puh! Das Geld lassen Sie lieber direkt von der Kassiererin aus dem Beutel zählen.

So geht es in etwa auch unseren Schüler*innen, die einen wenig gebahnten Tastsinn haben. Dies hat zur Folge:

Suche nach Berührung (auch kräftige Berührungen), alles anfassen, zum Teil scheinbar unachtsamer Umgang mit Materialien, kleinere Verletzungen, ohne dies zu bemerken ...

Fallbeispiel Steven

Aufbau des Fallbeispiels:

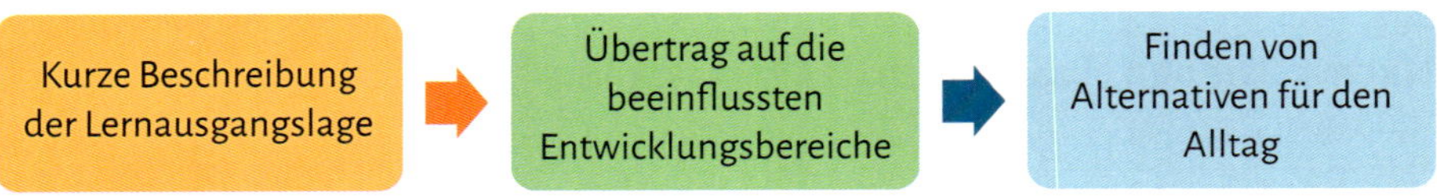

*Steven ist 12 Jahre alt und hat eine geistige Behinderung. Ein gemeinsames Ziel, an dem wir mit Steven arbeiten, ist, dass er seine Lehrkräfte und Mitschüler*innen nicht mehr* ***einfach umarmt****. Es fällt ihm schwer, dies zu berücksichtigen, vor allem wenn er sich freut, oder beim Begrüßen und Verabschieden.*

Im Unterricht fällt auf, dass Steven, sobald von der Lehrkraft ***Anschauungsmaterial bereitgelegt wird, aufsteht und sich dieses nimmt****. Er spielt damit, lässt es auf dem* ***Rücken seiner Mitschüler*innen*** *laufen oder wedelt direkt vor dem Gesicht einer anderen Person. Dieses Verhalten birgt ein großes* ***Konfliktpotenzial.***

In Unterrichtsphasen, in denen Steven zuhören soll, wirkt er oft ***unruhig****, rutscht auf dem Stuhl hin und her,* ***rückt dicht an seine Mitschüler*innen*** *und* ***kaut seine Fingernägel****. Diese sind bereits sehr kurz – es scheint ihm* ***nicht wehzutun****.*

Insgesamt wirkt Stevens Äußeres oft ***ungepflegt, seine Hände und seine Kleidung sind*** *häufig* ***schmutzig****. Auf seine* ***Arbeitsmaterialien achtet er wenig****. Sie haben schnell Eselsohren, Stifte fehlen, der Kleber des Klebestifts quillt seitlich zum Deckel heraus.*

Malen und Schreiben möchte Steven eher ungern*. Seine* ***Schreibbewegungen wirken wenig differenziert****, sein Handgelenk und seine Finger bleiben sehr angespannt und der* ***Stiftdruck ist sehr hoch****.*

Durch das gezeigte Verhalten haben wir den Eindruck, dass Steven Tasterfahrungen und Nähe sucht. Sitzt Steven ***sehr nah an einer Lehrkraft, erfährt er immer wieder Berührungen, so kann er seine Aufmerksamkeit und seine positive Stimmung deutlich länger halten.***

Übertrag auf die vom Tastsinn beeinflussten Entwicklungsbereiche:

Die aufgenommenen **Tastreize werden sehr wenig gebahnt.** Dies stört den Austausch zwischen Steven und Umwelt.

Jetzt nehme ich die Liste von Seite 42 und gleiche sie mit den gemachten Beobachtungen von Steven ab und finde Alternativen für unseren gemeinsamen Alltag.

Beim Entwickeln von Alternativen können Sie das Modell der wechselseitigen Einflussnahme der Sinne zur Hilfe nehmen.

Hinweise zum Tastsinn finden Sie ab Seite 41.

Es ist sehr wichtig, Steven immer die Möglichkeit zu geben, Tastinformationen zu „holen". Im Unterricht muss dies miteingeplant werden. Über den Tastsinn möchte er die Umwelt spüren und lernen.		
Vom Tastsinn beeinflusste Entwicklungsbereiche	**Sie zeigt eine Veränderung in den folgenden Bereichen**	**Sich direkt ergebende Alternativen für Steven**
Verhaltenssteuerung und Umgang mit Emotionen (Freude/Frust) - die Frustrationstoleranz, körperlichen Kontakt mit adäquater Nähe und Distanz	S. sucht viel körperliche Nähe zu Lehrkräften und Mitschüler*innen. S. kann eine adäquate Distanz schwer einhalten. Die körperliche Nähe wirkt sich positiv auf seine Stimmung aus.	Kennenlernen und Üben von Verhaltensregeln. Immer wieder Tastinformationen (Fühlsäckchen, Knete, ...) methodisch in den Unterricht integrieren. So wird das Bedürfnis, Tastinformationen zu erhalten, gedeckt. Dies reguliert sein Nervensystem und trägt damit zu einem besseren Umgang mit Frustrationen bei. Zudem fällt es ihm leichter, körperliche Distanz zu halten.
Verhalten in Gruppen und Menschenansammlungen	Steven ist gerne zwischen vielen Menschen. Es kommt jedoch häufig zu Streit, da er andere anrempelt.	In großen Gruppen wird Steven begleitet und darin unterstützt, ein Bewusstsein für die Grenzen der anderen zu entwickeln.
Das Körperbewusstsein und die Körperpflege (Hände waschen, Haare kämmen und waschen, Duschen, Fingernägel, ...)	Stevens Körperbewusstsein ist stark reduziert. S. erscheint oft ungepflegt, seine Hände und seine Kleidung sind meist schmutzig.	Steven bekommt viele Tastangebote im Unterricht. Möglichst häufig unterschiedliche Materialien in die Hand geben, auf den Rücken schreiben ... (Spiele siehe Buch Teil III). Wenn möglich darf Steven bar-

Vom Tastsinn beeinflusste Entwicklungsbereiche	Sie zeigt eine Veränderung in den folgenden Bereichen	Sich direkt ergebende Alternativen für Steven
	Seine Fingernägel sind abgekaut.	fuß gehen und seine Füße im Unterricht auf einer „Stachelmatte" platzieren. Das Thema Körperpflege im Unterricht für alle aufgreifen (Hauptstufe). Im Winter kann nach dem Händewaschen eine eigene Handcreme verwendet werden.
Essverhalten (Toleranz und Vorlieben bei Speisen, Temperatur des Essens)	Steven isst alles. Sein Sättigungsgefühl ist etwas reduziert.	Beim Essen kann aktiv die Aufmerksamkeit auf Nahrung den Geschmack, die Konsistenz, die Temperatur gelenkt werden. Stevens Freude am genussvollen, achtsamen Essen wird geweckt.
Schmerzempfinden allgemein	Das Schmerzempfinden ist reduziert. Kleinere Verletzungen bemerkt er nicht.	Heranführen an „angenehm" und „unangenehm" – bewusstes Spüren von Reizen. Z. B. beim Barfußgehen über einen Barfußpfad, Massage mit Materialien, …
Den sachgerechten und sorgfältigen Umgang mit Materialien (Schul- und Arbeitsmaterialien, Materialien anderer, Anschauungsmaterialien, …)	Steven fällt es schwer, auf seine Materialien zu achten. Immer wieder haben seine Hefte Eselsohren, sind schmutzig, oder er hat sie verlegt und findet sie nicht.	Zunächst wird Steven lernen auf seinen Körper zu achten (s. o.). Steven bekommt für seine Materialien sowohl in der Schule als auch im Schulranzen (und möglichst zu Hause) einen klaren Platz. Seine Hefte und sein Lesebuch sollten einen festen Einband haben. Sein Mäppchen sollte kein Schlampermäppchen sein. Nutzt Steven Materialien der Schule, oder die seiner Mitschüler*innen, soll Steven

<table>
<tr><th>Vom Tastsinn beeinflusste Entwicklungsbereiche</th><th>Sie zeigt eine Veränderung in den folgenden Bereichen</th><th>Sich direkt ergebende Alternativen für Steven</th></tr>
<tr><td></td><td></td><td>diese immer direkt anschließend sorgfältig aufräumen (zunächst angeleitet).</td></tr>
<tr><td>Die Konzentrationsfähigkeit und das Fokussieren der Aufmerksamkeit</td><td>Steven wird schnell unruhig und zappelig. Beim Arbeiten am Tisch kann er seine Aufmerksamkeit nur kurz halten.</td><td>Ist Steven unaufmerksam, wird ihm die Möglichkeit gegeben, sich zu bewegen (Material zu holen, etwas an die Tafel zu hängen). Körperübungen helfen ihm, sich wieder konzentrieren zu können. (Buch Teil III)
Steven nimmt einen Knautsch- oder Igelball in die Hand, wenn er unruhig wird.</td></tr>
<tr><td>Die feinmotorischen Fertigkeiten (beim Verschlüsse öffnen und schließen, schneiden mit dem Messer, ...)</td><td rowspan="2">Diese stellen eine große Herausforderung für ihn dar. Er gibt schnell auf.
Die Schreibbewegungen sind wenig differenziert und der Stiftdruck ist sehr hoch.</td><td rowspan="2">Verschiedene Materialien zur Übung der differenzierten Hand- und Fingerbewegungen anbieten (Ton, Knete, Fadenspiele, Umgang mit Schrauben und Schraubenzieher, Play Sand, Papierflieger falten, ...).
Beachtung einer stabilen und physiologischen Ausgangsposition beim Arbeiten und Schreiben am Tisch (siehe hierzu Kapitel „Das tiefensensible System – die Propriozeption“).
An seinem Arbeitsplatz soll er auf Ordnung achten. Zum Schreiben bekommt Steven einen dicken Stift. Eine Schreibhilfe hat sich in der Vergangenheit nicht bewährt, da Steven diese nur selten nutzte.
Steven erhält beim Schreiben eine größere Liniatur.</td></tr>
<tr><td>die Grafomotorik (veränderte Stifthaltung, -führung, -druck – leicht und zart oder sehr fest)</td></tr>
</table>

Formulieren wir gemeinsam **Kompetenzen** für Steven, dürfen wir den Tastsinn nicht außer Acht lassen. Es ist wichtig, dass er über die Tasterfahrungen Zugang zu seinem Körper bekommt. Diese regulieren ihn und, wie Sie dem Beispiel entnehmen können, kann er dadurch wichtige Grundlagen für seinen Schulalltag lernen.

Grundsätze der Unterstützung im Schulalltag bei Schüler*innen mit taktiler Hypoaktion

Vermuten Sie eine Hypoaktion des taktilen Systems bei einem/r Ihrer Schüler*innen so können Sie ihm/ihr Folgendes anbieten:

- ✓ **Achten Sie auf ausreichend Möglichkeiten, um Tasterfahrungen zu sammeln – ohne dabei die anderen zu stören!**
  - Geben Sie Anschauungsmaterialien in die Runde
  - Lassen Sie benötigtes Material/Arbeitsaufträge ... unter einem Tuch (ohne Sichtkontrolle), Säckchen, Briefumschlag ziehen
- ✓ Diese Schüler*innen mögen den Körperkontakt. Daher kann der Sitzplatz nah an einer Lehrkraft sein.
- ✓ Sinkt die Aufmerksamkeit ab, so aktivieren Sie diese über den Körper wieder (Bsp. *Körperwecken, Bodypercussion, Rückenpost, ...*)[6].
- ✓ Bei der Auswahl von Diensten: gerne Tafel- und Tischwischen
- ✓ Im Unterricht: Überlegen Sie, mit welchen Materialien Sie in Kunst oder auch im Kochen arbeiten. Lassen Sie diesen Schüler*innen Zeit, um mit den Materialien zu experimentieren (und zu schmieren ...).
- ✓ **Wichtig ist, dass diese Schüler*innen auch immer wieder den Tastsinn nutzen möchten einfach „nur um zu spüren" – also ohne dabei eine kognitive Aufgabe zu erledigen. So kann die Tasterfahrung besser integriert werden.**

Zum Kopieren, als Hilfestellung und Anleitung für Sie und von Personen, die mit Ihren Schüler*innen arbeiten.

6 Die genannten Spiele finden Sie in Teil III Methoden und Möglichkeiten

1.5 Übersicht über Hypo- und Hyperaktion des taktilen Systems

<table>
<tr><th></th><th>Hypoaktion des taktilen Systems – „spürt zu wenig"</th><th>Hyperaktion des taktilen Systems – „spürt zu viel"</th></tr>
<tr><td>Mögliche Beobachtungen – allgemein</td><td>
<ul>
<li>Sucht starke Reize
➔ erscheint „grob" mit Mitmenschen und Gegenständen
➔ Konfliktpotenzial!</li>
<li>Fasst alles an – nur mit den Augen schauen ist sehr schwer!</li>
<li>Häufiges Umarmen seiner Mitmenschen – Distanz einhalten ist erschwert</li>
<li>Tischwischen, Tafelwischen können zur genussvollen Wasserschlacht ausarten</li>
<li>Gefahrenbewusstsein gemindert</li>
<li>Schmerzempfinden gemindert</li>
<li>Durch Reizsuche entsteht Bewegungsunruhe</li>
<li>Konfliktpotenzial!</li>
</ul></td><td>
<ul>
<li>Schreckhaft, hält Abstand zu anderen Personen</li>
<li>Anziehen: Vorliebe für bestimmte Kleidungsstücke – Zettel und Nähte stören</li>
<li>Zögerlich im Kontakt, meidet „Menschenmengen" Pausen werden am Rand verbracht</li>
<li>Meidet Berührungen vor allem im Gesicht und an den Händen</li>
<li>Neue Materialien werden zaghaft ertastet – visuelle Kontrolle ist dabei wichtig</li>
<li>Schmerzempfinden erhöht</li>
<li>Feuchte Materialien werden häufig am schwersten toleriert</li>
<li>Deutliche Erhöhung der Körperspannung bei Körperkontakt oder bestimmten Materialien</li>
<li>Schnell gereizt – reagiert auf nett gemeinten Kontakt angespannt und abwehrend</li>
<li>Eventuell kurze Konzentrationsspanne durch taktile Ablenkung</li>
<li>Sucht sich einen Platz mit Überblick</li>
</ul></td></tr>
<tr><td>Mögliche Beobachtungen in der Feinmotorik</td><td>
<ul>
<li>Verwendet zu viel Kraft
➔ Kraftdosierung fällt schwer
➔ Probleme bei der Stifthaltung</li>
</ul></td><td>
<ul>
<li>Vermeiden von taktilen Reizen → wenig Übung in der Feinmotorik → Unsicher in der Feinmotorik</li>
<li>Zaghafte Stiftführung,</li>
</ul></td></tr>
</table>

	Hypoaktion des taktilen Systems – „spürt zu wenig“	Hyperaktion des taktilen Systems – „spürt zu viel“
	▪ **Umgang mit Verschlüssen wirkt unbeholfen** ▪ Stereognosie: Ertasten von weichen und ähnlichen Materialien schwer möglich ▪ klare Formen spüren gelingt besser	▪ Bevorzugt eventuell bestimmte Stifte ▪ Wasserfarben und Fingerfarben – sehr schwer oder nur bedingt möglich ▪ **Arbeiten mit dem Messer**: Gemüse und Früchte / feuchte Materialien scheiden: → **Haltehand stabilisiert nicht ausreichend** ▪ **Tisch wischen:** nimmt Lappen nur mit den Fingerspitzen ▪ Tisch wird oft nicht sauber, Handlung wird zu schnell beendet ▪ Stereognosie: meist gut ▪ visuelle Kontrolle bei Tastaufgaben ist nötig
Konsequenzen für den Unterricht	▪ Situationen schaffen, um **Reize erleben** zu können, Grenzen deutlich machen und mitteilen ▪ **Stift anpassen** – z. B. Griffverdickung ▪ Verwendung von unterschiedlichen Materialien im Unterricht (Fühlsäckchen, Buchstaben kneten) ▪ **Zeit lassen für Hände waschen, Tafel wischen …**	▪ **Vorankündigung von Kontakt** ▪ **Visuelle Kontrolle** ermöglichen ▪ **Arbeitsplatz** an der Wand oder in einer Nische ▪ **Tiefensensible Reize wirken regulierend** → Bewegung in den Unterricht einbauen, tragen von schweren Gegenständen ▪ Auswahl von Diensten: Wasser, Schmutz, feuchte Materialien/Zutaten im Unterricht kann Stress auslösen ▪ Handtuch, Handschuhe bereitlegen

1.6 Diagnostik – Beobachtung im Schulalltag

Im folgenden Beobachtungsbogen werden alltägliche Situationen, orientiert an der ICF-CY, aufgeführt, in denen die taktile Wahrnehmung eine wichtige Rolle spielt und das Verhalten beeinflusst. Wichtig ist wieder, dass die gemachten Beobachtungen im Gesamten gesehen werden sollen. Wir versuchen ein Gefühl für das Embodiment unserer Schüler*innen zu bekommen, unsere Schüler*innen mit ihrem Verhalten zu verstehen. So können wir Barrieren im Schulalltag erkennen und durch das Ändern des Lernortes, der Methode und des Materials, in förderliche Faktoren wandeln.

Vorgehensweise

In der Tabelle finden Sie die Beobachtungssituation und mögliche Beobachtungen, an denen Sie sich orientieren können.

Hier können Sie Zutreffendes unterstreichen. Die Spalte rechts dient der Dokumentation zusätzlicher Beobachtungen. Außerdem können Sie schon hier festhalten,

1. **ob der Schüler taktile Reize meidet,**
2. das **beobachtete Verhalten unauffällig** ist und die taktile **Wahrnehmungsverarbeitung als Ressource** genutzt werden kann,
3. ob die Schüler*in **Tastreize sucht (diese gerne hat)**, also diese **wenig gebahnt** sind.

Beobachtungsbogen – taktile Wahrnehmungsverarbeitung im Alltag

Schüler*in:	Beobachtet/ dokumentiert von:	Datum:

Tastreize werden wenig gebahnt	Tastreize werden stark gebahnt	Beobachtungen/ Notizen
Sich waschen, pflegen und kleiden		
Zähneputzen: Mit angepasstem Druck, toleriert die Zahnbürste im Mund, scheint es zu genießen und putzt ausdauernd, kaut auf der Zahnbürste herum.	**Zähneputzen:** *Scheint angespannt, meidet diese Situation.*	
Hände waschen: Das Händewaschen erscheint genussvoll, wäscht sich die Hände unter fließendem Wasser, seift sich die Hände ein und wäscht die Seife zum Teil nicht gründlich ab.	**Hände waschen:** *Spannt die Hände (oder den gesamten Körper) an, hält nur die Finger unter das Wasser, wäscht die Hände schnell und oberflächlich, ist empfindlich bei warmem, oder zu kaltem Wasser.*	
Kämmen und Nagelpflege: Genießt und toleriert das Kämmen der Haare. Nägel können ohne Probleme geschnitten werden, bzw. sind häufig schon abgekaut.	**Kämmen und Nagelpflege:** *Das Kämmen muss äußerst vorsichtig und, da es meist von hinten geschieht, verbal vorbereitend begleitet werden, Anspannung des Körpers, wirkt irritiert.*	

Sich kleiden: Keine Auffälligkeiten bei der Wahl der Kleidung, toleriert unterschiedliche Materialien und Verschlüsse. Hat Probleme, Verschlüsse zu öffnen und schließen. Die feinmotorische Koordination und Kraftdosierung verlangen viel Konzentration und Ausdauer, fragt schnell nach Hilfe.	**Sich kleiden:** *Zieht nur bestimmte Kleidung an, verweigert neue Kleidung, Zettel müssen aus der Kleidung geschnitten werden (sonst kann es zu Hautirritationen kommen).*	
Zubereiten von Essen und Trinken		
Übernimmt gerne das Waschen von Obst/Gemüse, schneidet unterschiedliches Obst, auch saftiges, feuchtes oder weiches (Orange, Banane, Gurke), knetet gerne und lustvoll Teige (scheint sich dadurch zu entspannen, Muskeltonus sinkt). Probiert beim Essen gerne unterschiedliche Speisen und Konsistenzen. Der Umgang mit Schneidemessern und Besteck ist oft herausfordernd (kleckert häufig), da dieser durch die verminderte feinmotorische Koordinationsfähigkeit und Kraftdosierung erschwert wird. Isst gerne mit den Fingern.	*Das Berühren von feuchten, weichen Lebensmitteln kostet offensichtlich Überwindung, Körperspannung steigt, die Hände werden immer wieder zurückgezogen und das Obst/Gemüse/Teig, werden nur mit den Fingerspitzen berührt. Heikel bezüglich der Beschaffenheit und Temperatur von Speisen. Das Essen wird mit den Zähnen vom Löffel genommen.*	

Kontakt		
Tritt schnell über den Körper in Kontakt, häufiges Berühren anderer Personen, schmiegt sich an Freunde/innen und Autoritätspersonen, reagiert entspannt auf Berührungen. Ist gerne von Menschen umgeben. Kontakt zu Tieren ist gut möglich, neigt dazu, auch Tiere zu schnell und zu unvorsichtig anzufassen.	*Meidet Körperkontakt, möchte die Situation immer im Blick haben. Reagiert abwehrend auf Berührungen – vor allem im Gesicht lösen Berührungen Anspannung und Abwehrverhalten aus.* *Menschenansammlungen, z. B. beim Anstehen in einer Warteschlange, oder beim Busfahren lösen Unbehagen, Wachsamkeit und Anspannung aus. Hat häufig großen Respekt vor Tieren.*	
Umgang mit Lernmaterialien		
Bevorzugt unterschiedliche Lernmaterialien und möchte diese immer wieder anfassen, barfuß gehen – genießt die Tastreize und entspannt und zentriert sich bei der Tasterfahrung (Blick ruht in sich gekehrt, Körperspannung sinkt, oftmals steht der Mund dabei offen, die Atmung geht ruhig und gleichmäßig).	*Das Arbeiten mit Knete, Sand, Fingerfarbe, Wasser lösen Anspannung aus und werden vermieden. Kalte, Harte Gegenstände werden besser toleriert.*	

Benennen von Barrieren und Ableiten von Hypothesen:
Überprüfung der Hypothesen durch das Schaffen von förderlichen Umweltfaktoren. Benennung konkreter Umsetzungsmöglichkeiten im Schulalltag:

1.7 Das Wichtigste zum Tastsinn in Kürze

An dieser Stelle möchte ich Ihnen eine kurze Übersicht zu den wichtigsten Inhalten des Kapitels geben.

- Der Tastsinn ist das erste aktive Sinnessystem.
- Durch ihn erfahren wir unsere Körpergrenzen und er unterstützt uns dabei, eine Vorstellung von unserem Körper zu entwickeln.
- Über den Tastsinn erfahren wir ein Aufgehoben-, Geborgensein, Eingebettetsein in der Welt. Er trägt zur Bildung des Urvertrauens bei. Mit jeder Berührung werden Emotionen freigesetzt. Die Aktivität unseres Gehirns wird dadurch reguliert.
- Er prägt den Kontakt zu unserer Umwelt – sozial und materiell – damit prägt er auch unser Verhalten in hohem Maße.
- Wir unterscheiden das „warnende/schützende System“ von dem der „Feinwahrnehmung“.
- Er trägt in hohem Maße zur feinmotorischen Koordination und damit zur Entwicklung der Grafomotorik bei.
- Wird der aufgenommene Tastreiz sehr stark gebahnt oder gehemmt, so kann dies zur Hyperaktion, bzw. Hypoaktion des Systems führen. Die Folgen zeigen sich in den oben genannten Bereichen (Bsp. „Lilli“ und „Steven“).

Meiden oder suchen unsere Schüler*innen Tastinformationen, so müssen wir darauf reagieren und ihr *Embodiment* unterstützen, bevor diese im Alltag aus ihrem inneren „Gleichgewicht“ geraten!

Unser Ziel ist es, unseren Schüler*innen im Zugang zu sich selbst zu unterstützen. Es ist wichtig, dass die Schüler*innen sich selbst wahrnehmen, sich kennen und auf sich achten lernen. Nur so wird es ihnen möglich sein, sich zu regulieren, sich auf Situationen einstellen und letztendlich in einem guten Austausch mit der Umwelt zu lernen. Daher ist es unabdingbar, die Individualität der Körperlichkeit unserer Schüler*innen kennenzulernen, diese im Alltag zu respektieren und die oft sehr eigenen Austauschformen mit der Umwelt zu unterstützen. Auch indem wir unsere Schüler*innen zu bereits „zugewachsenen“ Wegen führen.

Jedes Sinnessystem für sich betrachtet bildet Grundlagen für ganz eigene Fähigkeiten. Im folgenden Kapitel werden wir das tiefensensible System, die Propriozeption und seinen Beitrag zur größtmöglichen Aktivität und Teilhabe betrachten.

2. Das tiefensensible System – die Propriozeption

Die Tiefensensibilität hat großen Einfluss auf unsere Haltung und Bewegung, Feinmotorik sowie die Fähigkeit uns konzentrieren zu können.

Der Begriff „Propriozeption“ stammt aus dem Lateinischen von „proprius“ was „eigen“, oder „ausschließlich“ bedeutet. Daher könnte man „Propriozeption“ auch mit **„Eigenwahrnehmung“** übersetzen. Gemeint ist die Kombination der Wahrnehmung der Stellung unseres Körpers und der Körperteile (Rumpf, Kopf, Gliedmaßen zueinander), der Bewegung (sowohl aktive als auch passive) und der aufgebrachten Kraft unserer Skelettmuskulatur (vgl. Smith Roley, 2004).

Die Propriozeption gehört wie der Tastsinn zu den drei Basissinnen und stellt damit einen Bezugssinn dar. Er trägt wesentlich dazu bei, dass wir unsere **Haltung (bezogen auf den Körper) einnehmen und halten** können, dass wir eine, der Aktivität entsprechende **Muskelgrundspannung aufbauen und anpassen** können, dass wir **Bewegungen koordiniert** ausführen können und uns **konzentrieren** und die **Aufmerksamkeit halten** können.

Sobald die ersten Bewegungen des ungeborenen Kindes zu sehen sind, können wir davon ausgehen, dass das Kind sich in der Bewegung spürt. Diese ersten Bewegungen sind bereits vor der 12. SSW zu beobachten. Es lernt sich in seiner Umgebung in Bewegung kennen.

Bewegt sich das Ungeborene, so aktiviert dies die tiefensensiblen Sinneszellen. Damit erhält es mehr Rückmeldung aus seinem Körper. Außerdem erlangt das Kind über Bewegung Kontakt mit seiner Umgebung und damit ebenso anregende Reize. Das bedeutet, jede Bewegung lässt das Ungeborene sich und seine Umgebung erfahren. Für das Kind ist das äußerst interessant. Im Gegensatz dazu verliert jeder gleichbleibende Reiz an Wahrnehmungs-Intensität.

Probieren Sie das doch mal aus – Selbstversuch

Sie brauchen:

Platz auf dem Boden, nur **10 Minuten Zeit** und **einen Timer**

Stellen Sie Ihren Timer auf 10 Minuten. Nun legen Sie sich flach auf den Rücken und spüren in Ihren Körper. Noch können Sie alle Körperteile wahrnehmen. Sie wissen genau wo Ihre Hand, Ihr Arm, Ihr Bein, ... liegt. Bleiben Sie nun einfach so liegen. Wichtig dabei ist: Sie sollen sich nicht bewegen!

Spüren Sie immer wieder in Ihren Körper. Wie fühlt er sich jetzt an? Welche Impulse nehmen Sie wahr, also was wünschen Sie gerade gerne zu tun? Bleiben Sie mit Ihrer Konzentration und Aufmerksamkeit bei Ihrem Körper.

Klingelt Ihr Timer, so beenden Sie den Versuch.

Sofern Sie nicht in der Meditation geübt sind, wird es Ihnen schwergefallen sein, die Aufmerksamkeit zu halten. Außerdem werden Sie Ihren Körper und seine Grenzen verändert wahrgenommen haben.

Sie können nun bestimmt nachvollziehen, weshalb wir uns immer wieder bewegen müssen, um uns besser spüren und die Aufmerksamkeit besser halten zu können.

Nun aber weiter in der Entwicklung. Zu der Propriozeption gehört auch die Wahrnehmung von Vibration und Druck. Diese Qualitäten werden am Ende des 6. Schwangerschaftsmonats empfunden.

Die Rezeptoren der Propriozeption und die Wahrnehmungsqualitäten

Das propriozeptive System durchzieht den ganzen Körper. Seine Rezeptoren liegen in den Gelenken (gehören überwiegend zu den Schmerzrezeptoren, da sie nur Extremstellungen rückmelden), der Knochenhaut, den Muskeln und Bändern. Es liefert permanent Informationen ausgelöst durch

- die Kontraktion und Streckung von Muskeln sowie aktive und passive Bewegung
- Dehnen, Ziehen, Drücken von Gelenken
- Druck auf die Haut – hierbei werden nicht nur die dem Tastsinn zugeordneten Mechanosensoren erregt, sondern auch tieferliegende langsam adaptierende, hochschwellige Mechanosensoren.

Es handelt sich also um kein eindeutig lokalisierbares Sinnessystem:

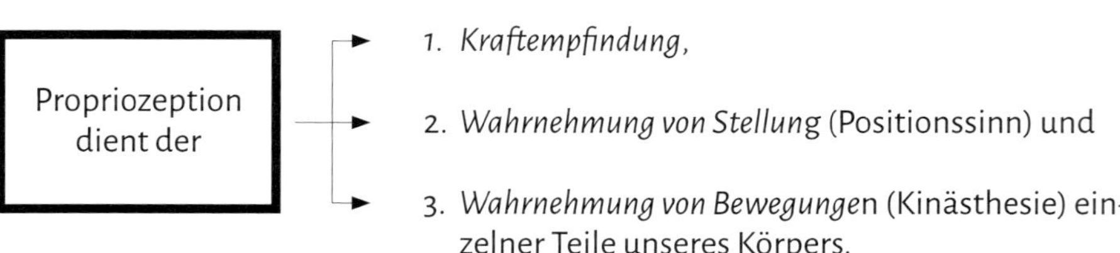

Auch die *Spannungsempfindung* wird von einigen Autoren der Propriozeption zugeordnet. Diese möchte ich jedoch dem Stellungssinn und Bewegungssinn unterordnen. Das Spannungsempfinden wird zur Einschätzung der Stellung und Bewegung benötigt.

Schauen wir uns diese Wahrnehmungsqualitäten genauer an, so können wir ihren Nutzen für unser Bezugssystem, für unseren Austausch mit der Umwelt und letztendlich für das Lernen schnell erkennen.

Die Wahrnehmungsqualitäten im Einzelnen

1. Die Kraftempfindung

Der Kraftsinn befähigt uns

- die Schwere gehobener Gewichte mit etwa 3–10 % Genauigkeit einzuschätzen (vgl. Schmidt & Schaible, 2006, S. 228).
- die **Muskelkraft einzuschätzen**, die wir brauchen, um eine Bewegung auszuführen, oder eine Gelenkstellung gegen Widerstand einzuhalten.

Wollen wir beispielsweise einen gepackten Koffer anheben, so bauen wir eine passende Grundspannung auf, um das Koffergewicht anheben zu können. Ist der Koffer nun nicht wie angenommen voll, sondern leer, so wird die Bewegung überschießend stark und ruckartig ausfallen.

Noch komplizierter würde es werden, wenn wir ein ungleich beladenes Tablett transportieren wollten. Stellen Sie sich vor, auf Ihrem Tablett stünden rechts vier leere Gläser und links eine Wasserkaraffe mit zwei Litern Wasser. Sie greifen auf Ihre Erfahrungen zurück und nehmen die aufzubringende Muskelkraft schon vor dem Anheben des Tabletts vorweg. Das ist wichtig, denn sonst könnte es leicht passieren, dass Sie die Seite der Gläser stärker anheben und alles würde umfallen. Sonst wäre es Ihnen auch unmöglich, mit geschlossenen Augen mit dem Finger Ihre Nasenspitze zu treffen.

2. Der Stellungssinn

Der Stellungsinn (Positionssinn) informiert uns über

- die **Winkelstellung der Gelenke**,
- über die Stellung der **Glieder zu einander**.

Also auch mit geschlossenen Augen wissen Sie genau, in welcher Position Ihre Arme und Hände sind und in welcher Stellung sie zueinander stehen.

3. Der Bewegungssinn

Wir werden informiert über **die Richtung** und **die Geschwindigkeit** einer Bewegung. Wozu dieser „Sinn" benötig wird können Sie im folgenden Selbstversuch „begreifen" und verstehen.

Lesen Sie zunächst die Anleitung des Selbstversuches!

Stellen Sie ein Glas Wasser in Reichweite vor sich auf den Tisch. Schließen Sie nun die Augen und greifen Sie das Glas. Führen Sie es zum Mund und trinken Sie. Stellen Sie das Glas wieder zurück.

Diese scheinbar einfache Leistung ist unglaublich komplex und erfordert eine Zusammenarbeit zwischen dem **Kraft-, Stellungs- und Bewegungssinn,** natürlich in Verbindung mit unserem Gehirn.

Die Aufgabenverteilung im Einzelnen sah so aus: Sie kennen das Glas und wissen wie schwer es sein wird – Sie greifen also auf Ihre Erfahrungen zurück! Sie bauen und halten Ihre **Körperspannung, den Anforderungen entsprechend** auf. Dies übernimmt der **Kraftsinn**. Er ist dafür zuständig, dass die Kraftdosierung stimmt. Dabei muss unsere Muskulatur gut zusammenspielen. Die **Spieler**, beispielsweise die Armbeuger, müssen mit ihren **Gegenspielern** – den Armstreckern – koordiniert zusammen die Bewegung ausführen. Damit die **Bewegung passgenau** dort endet wo sie enden soll, muss der **Stellungssinn** die notwendigen Rückmeldungen über die Position und Stellung des Armes, der Hand, des Rumpfes, Halses, Kiefers rückmelden. Sie können sich vorstellen, dass dies eine enorme Leistung ist. Denn die Stellung und Position wird ja durchgängig verändert. Genau danach richtet sich dann die Bewegung. Der **Bewegungssinn** meldet das aktuelle Bewegungstempo, gleicht das mit dem Widerstand und der Entfernung ab. Arbeiten Kraft-, Stellungs- und Bewegungssinn gut zusammen, so sind die Bewegungen harmonisch, fließend und passgenau – also gut koordiniert.

Wir brauchen also die Tiefensensibilität/Propriozeption, um unsere Haltung und Bewegung den Anforderungen anpassen zu können. Dabei spielt unser Muskeltonus eine zentrale Rolle.
„… *Kinder mit einer kognitiven Retardierung zeigen so gut wie immer eine begleitende muskuläre Hypotonie.*" (Michaelis & Niemann, 2017, S. 85)
Dies wiederum bedeutet, dass sehr viele unserer Schüler*innen einen niedrigen Muskelgrundtonus haben und dadurch eine reduzierte tiefensensible Rückmeldung erfahren.

Ein Beispiel, um eine reduzierte tiefensensible Rückmeldung nachvollziehen zu können, finden Sie in Kapitel 2.3 „*Reduzierte Tiefensensible Rückmeldung*" ab Seite 79.

Ist nun ein Sinn des tiefensensiblen Systems zu stark gefordert, so wird er von den anderen sofort tatkräftig unterstützt und die Überforderung wird kompensiert. Schafft es unser/e Schüler*in beispielsweise nicht, genug Kraft zum Sägen des Brettes aufzubringen, so wird ihr/sein Körper direkt reagieren.

Sie/Er wird die Schultern hochziehen, die Ellbogen stabilisieren und so versuchen zu sägen. Die Bewegungen werden dabei ruckartig und überschießend sein. Die Kompensation ist eine Anpassung an die Anforderung, erfüllt aber leider nicht immer ihren Zweck. Dabei ist es egal, ob die Bewegungskoordination zu schwer ist, die

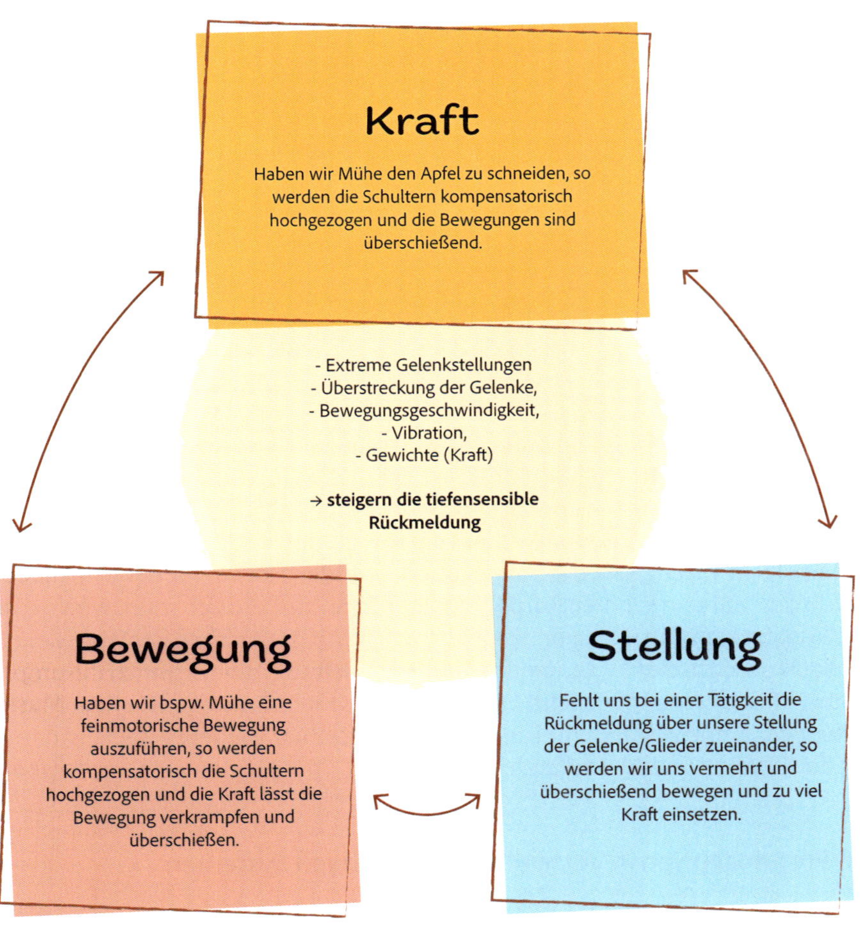

Abbildung 7: Kompensation innerhalb des tiefensensiblen Systems

notwendige Kraft fehlt, oder die Stellung ihres Körpers von ihr/ihm nicht erfasst wird. Die Folge ist, dass die Bewegungen nicht harmonisch ausgeführt werden können. In Abbildung 7 können Sie dies noch einmal nachvollziehen.

Da wir das nun wissen, werden wir **gemeinsam mit unserer Schüler*in eine stabile Ausgangsposition** erarbeiten und eventuell den Griff der Säge mit einer Griffverdickung versehen. Ebenso können wir sie in der Bewegung zunächst führen, damit sie ein Gefühl für die Sägebewegung bekommen kann. Achtung, dabei müssen wir unbedingt darauf achten, dass wir ihre Impulse aufgreifen und sie darin unterstützen, die tatsächliche Umwelt und ihren Körper zu erfahren. Also nicht wir initiieren die Bewegung und „zaubern" das Holz durch, und die Hände der Schüler*in liegen bloß kraftlos mit auf, sondern sie initiiert die Bewegung und wir „schwingen uns mit ein"!

Genau so können wir bei Schwierigkeiten in der Fein- und Grafomotorik die Ausgangsposition anpassen, größere, dickere und etwas schwerere Materialien einsetzen sowie eventuell den Arm mit einem Gewicht beschweren (klarere Rückmeldung aus dem Arm). So lassen sich Hand- und Fingerbewegungen schon leichter durchführen.

Bei fehlender Kraft oder mangelnder Kraftdosierung der Fein- und Grafomotorik hilft es, eine stabile Position mit viel Unterstützungsfläche einzunehmen und möglichst große und schwere Materialien einzusetzen.

Sie sehen, die Propriozeption brauchen wir bei jeder Handlung. Egal ob Sie mit Ihren Lernenden ein Arbeitsblatt am Tisch bearbeiten, ob Sie im Koch- oder Werkunterricht tätig werden, immerzu nimmt die Propriozeption Einfluss auf das Tun. Selbst bei einer konzentrierten Rechenaufgabe, bei der die Schüler*innen scheinbar still am Tisch sitzen, ist die Propriozeption gefordert. Denn nur ein*e Lernende*r, der/die sich auf seinen/ihren Körper verlassen kann, der/die sich spürt, wird sich auf die Aufgabe konzentrieren können. Nun, was wenn das nicht so ist? Was wenn Sie beobachten, dass die/der Lernende ständig zappelt und offensichtlich die propriozeptiven Rückmeldungen sucht? Wie arbeitet das mehrdimensionale Koordinaten-System der Sinne zusammen? Lassen Sie uns auch hier wieder versuchen, den Bezug der Sinne zueinander aufzudecken.

Die Propriozeption in Verbindung mit anderen Systemen

Durch die Impulse der Propriozeption allein würde das Weitergeleitete wenig Bedeutung für uns haben. Erst durch die gute Zusammenarbeit mit den unterschiedlichen Sinnessystemen können wir von den Rückmeldungen der Propriozeption in unserem Alltag profitieren.

1. Gemeinsam mit dem **vestibulären System** (ab Seite 96) gibt uns die Propriozeption Orientierung über die Stellung des Kopfes und des Körpers im Raum.

   Möchten wir eine Position einnehmen, so wird zunächst der Kopf gegen die Schwerkraft ausgerichtet. Daran orientiert kann sich der Körper ausrichten und die Position einnehmen.

Dies ist notwendig, um beispielsweise eine Position sicher halten und eine Aktivität, wie Lesen, Nahrung vom Löffel nehmen, etwas Schneiden ... ausführen zu können. Müssten wir uns ständig bewusst im Raum orientieren, um eine sichere Ausgangsposition einnehmen und halten zu können, so hätten wir kaum noch Kapazitäten für die Erledigung unserer Aufgaben übrig. Oder anders: können Sie sich vorstellen auf einer, sich in alle Richtungen bewegenden Wippe zu sitzen und gleichzeitig ein Joghurt zu löffeln? Schon allein die Vorstellung bringt sicher den ein oder anderen dazu, tief durchzuatmen und den Blick in den Raum zu richten.

Siehe auch ab Seite 99 „Das Gleichgewichtssystem in Verbindung mit anderen Sinnen"

Dabei gilt: je stabiler die Ausgangsposition ist, desto leichter „kann sich das propriozeptive System daran orientieren". Dies können wir uns direkt merken, wenn wir Schüler*innen dabei unterstützen möchten, koordinierte Bewegungen auszuführen. Vor allem koordinierte feinmotorische Bewegungen (Jacke schließen, schreiben, ...) und koordinierte Augenbewegungen (an Symbolen orientieren, eine Blicksteuerung bedienen, lesen, ...) brauchen einen stabilen Haltungshintergrund.

Besonders auf die visuelle Wahrnehmung hat das Zusammenspiel von Propriozeption und Gleichgewicht einen großen Einfluss.

---

2. Zusammen mit dem **Kleinhirn** trägt das tiefensensible System zur Regulation und Koordination von Bewegungen bei, d h. motorische Aktionen zu planen und durchzuführen.

Liegt eine Störung im Bereich des Kleinhirns vor, so hat dies vielfältigen Einfluss auf die Bewegungssteuerung. Je nachdem, in welchem Bereich des Kleinhirns eine Verarbeitungsstörung vorliegt, können Bewegungen ataktisch, dyskinetisch oder zitternd verändert sein. Es kann zu gestörten Augenbewegungen, Schwindel, einer fehlenden Abstimmung zwischen den Muskelgruppen und insgesamt zu einer unangepassten Bewegung (zu kurz oder überschießend) kommen (vgl. Neuro- und Sinnesphysiologie, 2006, S. 125).

Auch hier gilt: je stabiler die Ausgangsposition und je klarer die Stellung im Raum ist, desto leichter kann sich das propriozeptive System „orientieren“ und die Bewegungssteuerung unterstützen.

Diesen Gedanken sollten wir im Hinterkopf haben, wenn wir uns überlegen, wie wir die Tische im Klassenzimmer stellen und wo die Arbeitsplätze unserer Schüler*innen sein sollen. Eine Wand neben oder hinter uns gibt Orientierung!

3. Wir bekommen aussagekräftige und verarbeitbare Informationen durch den **Tastsinn** nur, wenn diese aktiv ausgelöst werden. *Es ist also Bewegung dazu notwendig*. (Siehe auch Kapitel 1, S. 38)

4. Über die **Formatio reticularis** (Netzkörper – Siehe Buch Teil I, Kapitel 3) Einführung in die Wahrnehmungsverarbeitung) wirkt die Tiefensensibilität tonisierend und regulierend.

Das bedeutet, bewegen wir uns, so erhalten wir mehr tiefensensible Rückmeldungen. Damit wird das Weckzentrum der Formatio reticularis aktiviert, die Durchblutung und Atmung wird angeregt. Eine wache Grundspannung wird unterstützt.

Ist unser Gleichgewichtssystem mit den Informationen zur Stellung und Bewegung im Raum überfordert und ist uns ordentlich schwindelig, so kann uns die Tiefensensibilität dabei helfen, uns wieder ins Gleichgewicht zu bringen. Denn diese Impulse hemmen die Wirkung der Gleichgewichtsreize!

Weiterführende Literatur: weitere Informationen aus neuro-physiologischer Sicht zur Propriozeption finden Sie in „Neuro-und Sinnesphysiologie“, Schmidt & Schaible, 2006.

2.1 Modell wechselseitiger Einflussnahme der Sensomotorik

Wie auch in Buchteil II, Kapitel 2. zum Tastsinn können wir uns die oben beschriebenen Inhalte anhand des Modells der wechselseitigen Einflussnahme verdeutlichen und Schlüsse **für unser methodisches Handeln** ziehen.

Schauen Sie auf die Tiefensensibilität. Hier können Sie beispielweise ablesen: tiefensensible Reize aktivieren den Netzkörper.

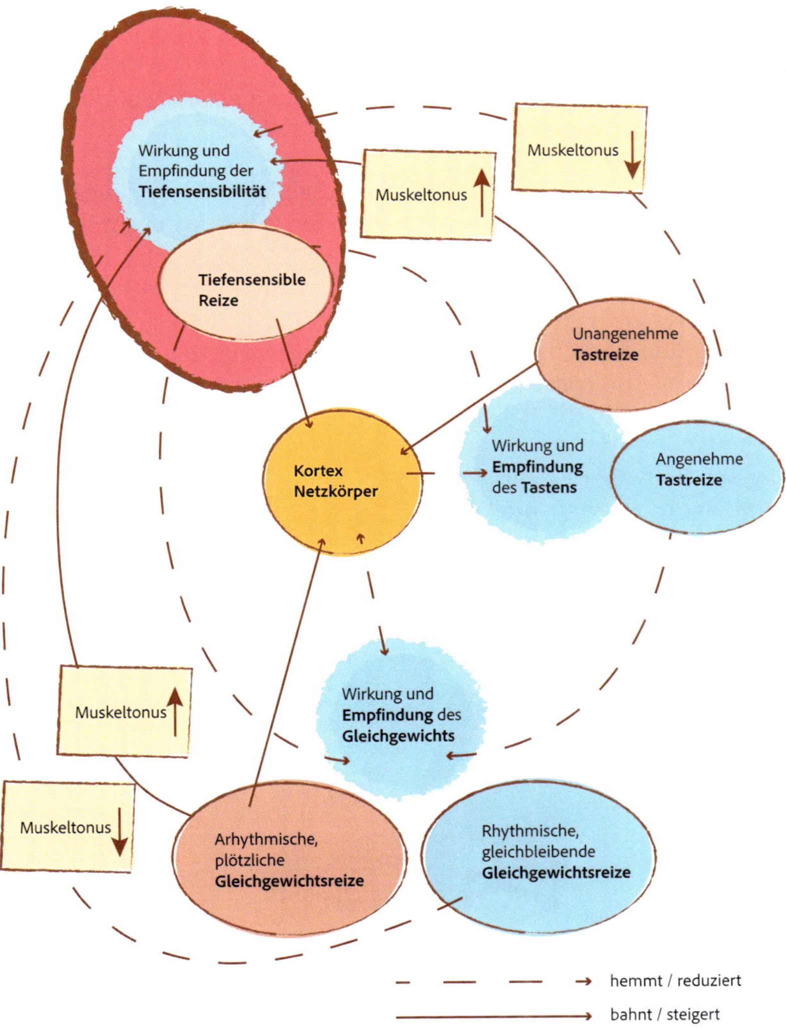

Abbildung 8: Modell wechselseitiger Einflussnahme der Sensomotorik – Fokus Tiefensensibilität

Bezogen auf die Propriozeption können wir aus diesem Modell ableiten:

a. Tastreize nehmen Einfluss auf unsere Körperspannung und umgekehrt (unangenehm empfundene Tastinformationen steigern unseren Muskeltonus – angenehme hingegen senken den Muskeltonus)

b. Bewegung (vorzugsweise aktive Bewegung) steigert die tiefensensible Rückmeldung. Bleiben Reize gleich, so verlieren sie an Wahrnehmungsintensität. Wir sprechen auch von „Fading out" (Bsp.: Wir vergessen die Brille, die auf der Nase sitzt, oder spüren die Sitzfläche unseres Stuhls nicht mehr)

c. Tiefensensible Reize hemmen Gleichgewichtsreize

d. Tiefensensible Reize aktivieren unseren Netzkörper und damit unseren Bewusstseinszustand, wir sind aktivierter und wacher

Dieses Modell lässt jedoch Geist und Psyche außer Acht. Wie eingangs beschrieben (Buch Teil I, Kapitel 1) ist nachgewiesen, dass der Körper im wechselseitigen Austausch mit dem Geist und Psyche steht und somit Einfluss nimmt. Dies möchte ich an einer 1992 von Sabine Stepper durchgeführten Studie verdeutlichen:

Zu Beginn wurden Versuchspersonen in zwei Gruppe eingeteilt. *„Unter dem Vorwand, die Ergonomie von Arbeitsmöbeln zu testen, ..."* (Storch, Cantieni, Hüther, & Tschacher, 2017, S. 48) arbeitete die eine Gruppe in einer nach vorn gebeugten, gekrümmten sitzenden Haltung am Tisch. Die andere Gruppe in einer aufrechten und sitzenden Haltung am Tisch. Beide Gruppen erhielten währenddessen ein fiktives Lob (zu einem früher absolvierten Intelligenztest) und mussten dann ihr Gefühl von Stolz

Abbildung 9: Unsere Körperhaltung wirkt auf unsere Emotionen

über das Lob auf einer 10 Punkte-Skala einschätzen. *„Die Personen, die das fiktive Lob in einer aufrechten Haltung empfangen hatten, waren signifikant stolzer…“* (ebd, S. 43)

An diesem Beispiel wird deutlich, dass die Körpereigenwahrnehmung nicht nur auf Haltung und Bewegung Einfluss nimmt, sondern wiederum über diese an der **Bildung und Nivellierung unserer Emotionen** beteiligt ist. Dabei geht es um Emotionen, die den „Stand“ zu uns und zu unserer Umwelt widerspiegeln: Sich stark, sicher oder schwach und unsicher fühlen. Das Gefühl von „ich schaffe das!“ oder eben „das schaffe ich nicht“.

Daher nehme ich an dieser Stelle den **Punkt e**. in unsere Liste auf und schließe sie damit.

e. Bildung und Nivellierung von Emotionen, die den „Stand“ zu uns und unserer Umwelt widerspiegeln

Ein Wort zur Ausgangsposition

Eine instabile Position lenkt die Schüler*innen ab (bzw. lenkt die Aufmerksamkeit auf die Körperhaltung) und die Konzentrationsspanne – bezogen auf die angebotene Aktivität – sinkt!

Grundsätzlich brauchen Ihre Schüler*innen für Aktivitäten eine **passende Ausgangsposition.** Im Vorfeld ist es also wichtig zu wissen:

1. **Wie ist der individuelle Bedingungshintergrund** (Analyse der Körperfunktionen und -strukturen, personbezogene Faktoren[7])
   Welche Positionen bevorzugt der/die Schüler*in welchen Situationen (Ruhe, Aktivitäten)? Also auch zu Hause? Kann sich der/die Schüler*in in alle Richtungen frei bewegen? Können Positionen selbständig eingenommen werden? Welche Position kann schmerzfrei eingenommen und gehalten werden? Sehen Sie sich die Checkliste an!

2. **Wie sind die Umweltfaktoren in der Situation** (was machen und wo befinden sich die Mitschüler*innen, weitere beteiligten Personen, wo steht das Material, wo ist der angedachte Arbeitsplatz im Raum, …).
   Schüler*innen sollen natürlich das Angebot gut sehen und erreichen können. Außerdem sollten die beteiligten Schüler*innen auf derselben räumlichen Ebe-

---

7 Orientiert an der ICF-CY

ne sein. Ist es notwendig eine*n Schüler*in beispielsweise in Bauchlage zu lagern, empfiehlt es sich, das Lagerungsmodul zunächst auf die entsprechende Höhe zu bringen. Aktive Teilhabe am Unterricht ist möglich, wenn der/die Schüler*in seine Mitschüler*innen und das Material erreichen kann. Möglichst visuell, taktil und akustisch.

➔ **Zum individuelle Bedingungshintergrund und den Umweltfaktoren gehören folgende Bereiche (abgeleitet aus der ICF-CY):**

- Vertrauen in den eigenen Körper und Mut
- Aufmerksamkeit, Bewusstsein und Orientierung
- Motivation
- Konzentration
- Herzkreislauffunktion / Atmung
- Schmerzfreiheit
- Funktion des Bewegungsapparates / Flexibilität der Gelenke
- Gelenkkontrolle, Gelenkstabilität und Gelenkbeweglichkeit und Dehnbarkeit und Stabilität der Bänder
- Neuro-muskuläres Zusammenspiel
- Funktionen der Muskelkraft, des Muskeltonus (Spannungszustand der Muskeln) und muskuläre Ausdauer
- Tiefensensible Wahrnehmung und Körpergefühl
- Muskeltonus[8]
- Posturale Kontrolle[9]
- Funktion des Gleichgewichts
- Funktion des Tastsinns
- Wahrnehmung der Raum-Lage (eigene Ausrichtung im Raum)
- Visuelle Kontrolle
- Hautflexibilität und -spannkraft
- Unterstützungsfläche[10]

---

8 **Muskeltonus und Haltungstonus:** *„Der normale Muskeltonus (Grundtonus) wird als der Ruhezustand bezeichnet, der bei Muskelentspannung herrscht. Der Widerstand gegen die Bewegung wird nur durch die passiven Strukturen (Elastizität des Muskelbindegewebes, Faszien) erbracht. Der Haltungstonus ermöglicht dagegen die aufrechte Haltung und stellt die Ausgangssituation für alle Bewegungen dar (Edwards 1996)" (Döderlein, 2007, S. 30)*
Weiter unterscheiden wir zwischen Muskeltonus in Ruhe und Muskeltons in Aktivität.

9 **Posturale Kontrolle:** *„Die posturale Kontrolle ist sozusagen das Überwachungs- und Kontrollsystem der Stellung bzw. der Lage des Menschen im Raum. Sie ist aufgabenorientiert und beinhaltet sowohl die Stellung der Körperabschnitte zueinander als auch die Stellung des menschlichen Körpers in seiner Umgebung" (Hofstetter, 2008, S. 96). Sie ermöglicht die Koordination des Körpers in sich und im Raum, proaktiv wie re-aktiv."* (Becker, 2016, S. 30)

10 **Unterstützungsfläche:** *„Unterstützungsfläche bezeichnet die kleinste Fläche, die Kontaktstellen der Körperabschnitte mit der Unterlage einrahmt."* (Söllner, 2007, 306)

- Kontaktfläche[11]
- Umgebungsgestaltung und Geschehnisse in der Umgebung
- Gewohnheiten
- Einstellung und Haltung der anwesenden Personen der/dem Schüler*in gegenüber

Hinzu kommen immer persönliche Faktoren

3. **Welche Aktivität soll durchgeführt werden** (Analyse der geplanten Interaktion, der (Denk-) Handlung/Bewegung/Aktivität)

   Möchte beispielsweise Silja ein Brettspiel mitspielen und soll dabei über eine längere Zeit ihren Mitspielern gegenüber positioniert sein und die Aufmerksamkeit halten können, oder soll sich Dimitrios auf eine Entspannungsübung einlassen, oder wird Vegim in der Küche die gekochten Kartoffeln schneiden? Für jede Aktivität wird die Position geschaffen, die der/die Schüler*in und der Lehrkraft am günstigsten erscheint.

Wenn Sie nun wissen, wie die **Voraussetzungen** sind und welche **Aktivität** geplant ist können Sie bewusst eine adäquate Arbeitsposition gestalten. Dabei gibt es kein Richtig oder Falsch solange Sie die oben genannten Faktoren beachten! Letztendlich wird Ihr*e Schüler*in Ihnen zeigen, oder sagen, ob die gewählte Position der Aktivität zuträglich ist.

Besonders bei Schüler*innen mit komplexen Behinderungen brauchen wir etwas Erfahrung und Mut, um gemeinsam mit dem/der Schüler*in eine andere Positionen zu erarbeiten. Scheuen Sie sich nicht, eine*n erfahrene*n Kollegen*in anzusprechen und zunächst gemeinsam Möglichkeiten zu finden.

Aber auch Sie und Schüler*innen ohne körperliche Behinderungen müssen nicht immer auf einem Stuhl und am Tisch sitzen! **Wechselnde Arbeits- und Lernpositionen tun uns allen gut.**

Orientieren Sie sich einfach bei der Wahl der Ausgangsposition an folgenden Faktoren:

- „Angebotshöhe" – Blickrichtung beachten
- Umgebungsgestaltung – Geschehen im Raum, wie sind die Mitschüler*innen und Sie selbst positioniert.
- Viel oder wenig Unterstützungsfläche (Boden, Stuhl, Tisch)
- Die Wahl der Unterlage – fest oder weich
- Die Kontaktfläche (Fläche, die kein Gewicht übernimmt, Arm- und Rückenlehne

11 **Kontaktfläche:** Die Fläche, die Kontakt zum Köper hat, jedoch kein Gewicht übernimmt

beispielsweise. In Bauchlage kann es eine Begrenzung an der Körperseite, oder an den Füßen sein) → gibt Orientierung und Sicherheit

- Wo ist der Körperschwerpunkt?
- Berücksichtigung individueller Bedürfnisse und Gewohnheiten sowie Körperstrukturen und -Funktionen (Kreislauf? Schmerzfrei?)
- Welche Positionen kennen die Schüler*innen als Arbeitspositionen?
- Lassen Sie die Schüler*innen mitentscheiden?

Siehe Beispiele dazu in Teil III ab Seite 145

2.2 Bedeutung der tiefensensiblen Wahrnehmungsverarbeitung für den Unterricht

Zusammengefasst hat die Tiefensensibilität großen Einfluss auf folgende Entwicklungsbereiche, Fähigkeiten und Fertigkeiten:

- Die Körperwahrnehmung und das Körperbewusstsein (Körperbild, Körperschema, Körperbegriff)[12]
- Einnehmen und halten können von Positionen (als Voraussetzung für Aktivität – lesen, schreiben, puzzeln, essen, ...)
- Grobmotorische Koordination und Bewegungsqualität (Bewegungstempo, Bewegungsrichtung, passgenau, überschießend in der Bewegung)
- die feinmotorischen Fertigkeiten (beim Verschlüsse öffnen und schließen, schneiden mit dem Messer, ... scheinen die Bewegungsabläufe zart, sehr kraftvoll, unkoordiniert, führen nicht zum Erfolg)
- die Grafomotorik (veränderte Stifthaltung, -führung, -druck – leicht und zart oder sehr fest) – geringere Ausdauer beim Schreiben/Malen
- Nahrungsaufnahme (Mundschluss, Kauen, Schluckvorgang)
- die Konzentrationsfähigkeit und Halten der Aufmerksamkeit

---

12 Körperbewusstsein: Grundlage für das Körperbewusstsein bildet entwicklungsbedingt das Zusammenspiel der drei Basissinne (Tastsinn, Tiefensensibilität, Gleichgewichtssinn). Dieses Zusammenspiel und die Einordnung der Reize bildet das **Körperbild**. Das Körperbild kann jederzeit weiter ausgebildet werden! Den Körper in Handlungen unter Einbeziehung der Fernsinne zu nutzen und zu erfahren bildet das **Körperschema** aus. Wir lernen uns passend in der Umwelt zu halten und zielgenau zu bewegen. Der **Körperbegriff** ist das versprachlichte Wissen um den eigenen Körper mit seinen Körperteilen und Funktionen (vgl. Schaefgen, 2007, S. 36 ff.).

- Vigilanz[13] und Aktivierungsniveau
- Gesunderhaltung des Bewegungsapparates
- Emotionaler Bereich: sich sicher und mutig fühlen

Beobachten Sie, dass Ihr*e Schüler*in **in mehreren der oben genannten Bereiche** an ihre Grenzen stößt, **oder die Umwelt** stößt in den oben genannten Bereichen immer wieder an ihre Grenze, so muss die Tiefensensibilität unter die Lupe genommen werden. Damit meine ich beispielsweise, dass Sie Fritz zum fünften Mal auffordern, beim Schreiben nicht auf dem Tisch zu liegen. Sie kommen einfach nicht weiter. Der Grund dafür kann sein, dass Fritz einen niedrigen Muskelgrundtonus hat und wenig Rückmeldung aus seinem Körper bekommt. Er kann die Kraft, die er benötigt, um sich gegen die Schwerkraft aufzurichten, über die Dauer nicht aufrechterhalten.

Was dies für unsere Schüler*innen bedeutet, möchte ich Ihnen wieder anhand eines Selbstversuchs und eines Fallbeispiels näherbringen.

2.3 Reduzierte tiefensensible Rückmeldung

Betrachten wir das Modell der wechselseitigen Einflussnahme der Sensorik sowie das gemeinsame Wirken der tiefensensiblen Sinne so können wir davon ausgehen, dass unsere Schüler*innen bei wenig körpereigener Rückmeldung/tiefensensibler Rückmeldung

- sich vermehrt bewegen
- koordinierte Bewegungen erschwert ausführen können
- Gleichgewichtsreize schlechter verarbeiten können → vegetative Reaktionen wie Schwindel können schneller auftreten

Welchen Einfluss hat ein niedriger Muskelgrundtonus – Testen Sie doch mal:

Sie brauchen:

✓ ein Gewicht (Milchtüte, Gewichtsmanschetten, ...) das Sie an jedem Arm befestigen können

---

13 Siehe Seite 18

- ✓ Ein kleines Glas (bspw. ein Schnapsglas)
- ✓ Eine mit Wasser gefüllte Flasche mit einer großen Öffnung, besser noch einen Krug mit Wasser
- ✓ Ein hartes Kissen, Matratze
- ✓ Ein Block/Blatt Papier, Stift
- ✓ Vorbereitung: Sie werden den Versuch im Stehen durchführen. Stellen Sie sich die Materialien (Gläschen, Wasserkrug, Stift und Papier) in Reichweite. Beschweren Sie Ihre Arme mit den Gewichten (möglichst in Handgelenksnähe). Dabei dürfen die Gewichte ruhig noch etwas rutschen (dies ist sogar gewünscht). Da in der Schule immer so einiges los ist, können Sie ruhig das Radio laut aufdrehen, oder den Fernseher laut laufen lassen.

Ihre Ausgangsposition: *Sie stehen im Einbeinstand auf einer Matratze oder auf einem dicken Kissen.*

Schenken Sie sich nun Wasser in das kleine Gläschen. Wichtig ist: Sie bleiben bitte im Einbeinstand auf der weichen Unterlage!

Nehmen Sie sich nun den Stift, bleiben Sie in Ihrer Ausgangsposition und beantworten Sie schriftlich folgende Fragen:

Wie ist es Ihnen ergangen, wie geht es Ihnen? Worauf ist und war Ihre Aufmerksamkeit gelenkt? Was empfinden Sie als störend? Und die Umkehrfrage: was hätte/würde Ihnen geholfen/helfen?

Nun haben Sie die Folgen der niedrigen tiefensensiblen Rückmeldung erfahren und mit der Beantwortung der Fragen bereits Alternativen für Ihren Unterricht benannt.

Alternativen für diese Situation

Sicher war Ihre Position unsicher, Sie mussten sich auf das Halten des Gleichgewichtes fokussieren und hatten Mühe, das Ausgießen des Wassers wohl zu dosieren. Eine hohe Aufmerksamkeit und Konzentration wurde von Ihnen verlangt. Dabei haben Sie sich doch nur ein Glas Wasser eingeschenkt.

Geholfen hätten Ihnen vermutlich:

- Eine breite und feste Basis – ein breiter Stand
- Eine Wand und/oder ein Tisch als Kontaktfläche

– Eine Flasche mit Dosierkappe, ein fest stehendes, großes Glas (evtl. eine Halterung)

– Eine Antirutschmatte unter dem Papier zum Schreiben

– Ein dicker, schwerer Stift

Nun haben Sie die Folgen eines niedrigen Muskeltonus' erfahren und mit der Beantwortung der Fragen bereits Alternativen für Ihren Unterricht benannt. Diese werden Sie mit Sicherheit in Ihrem Schulalltag brauchen.

Schauen wir uns doch einmal Nils an. Wie finden wir ein passendes schulisches Angebot für ihn?

Fallbeispiel Nils

Aufbau des Fallbeispiels:

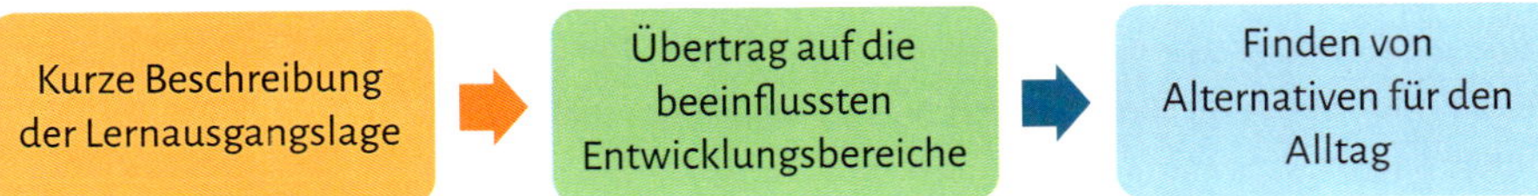

Achtung: dieses Beispiel stellt wenige Merkmale heraus. Im Alltag sollten natürlich möglichst IMMER alle Hypothesen in Betracht gezogen und überprüft werden! Da wir uns im Moment der Propriozeption widmen, möchte ich diese in diesem Beispiel im Auge behalten.
*Nils ist 17 Jahre alt, hat eine geistige Behinderung und besucht die Berufsschulstufe eines SBBZ mit dem Förderschwerpunkt geistige Entwicklung. Er begegnet seinen Mitschüler*innen und Lehrer*innen freundlich. Auf fremde Personen, kleine Kinder reagiert er mit lachen, lautem Gespräch darüber, oder er sagt Ausdrücke. Im Nachhinein kann er sagen, dass ihm diese* ***Situation zu aufregend*** *war.*

Im Unterricht lernt Nils derzeit unter anderem Haushaltstätigkeiten wie Staubsaugen, Tische wischen, Geschirr in die Spülmaschine räumen, ... selbstständig durchzuführen. Dieser Unterricht findet in der Trainingswohnung statt. Dort angekommen sucht sich Nils immer direkt einen Stuhl, oder das Sofa, um sich ***hinzusetzen****. Erhält er eine Aufgabe, so* ***bleibt Nils sitzen****. Auffallend ist dabei seine* ***gebeugte Körperhaltung*** *mit nach hinten gekipptem Becken und einem runden Rücken im Brustbereich. Seine Halswirbelsäule gleicht den ge-*

beugten Rücken aus und ist in einer stärkeren Lordose.[14] *So kann Nils, mit leicht geöffnetem Mund, den Blick nach vorne und leicht oben richten. Seine Hände hält er dabei ineinander verschränkt auf dem Schoß.*

Jedes Mal ***braucht Nils einige Zeit und wiederholte Ansprache*** *durch die Lehrperson, um aufzustehen und seine Tätigkeit anzugehen.*

Nils kennt mittlerweile die Abläufe und Regeln des Staubsaugens. Trotzdem zieht er den Staubsauger am Schlauch durch die Wohnung und ***achtet nicht auf die Umgebung****. Der Staubsauger stößt an die Türrahmen und Möbel. Auf die Frage, wie er den Staubsauger in ein anderes Zimmer bringen soll antwortet Nils schmunzelnd: „Ich soll ihn am Griff tragen, aber das ist mir immer* ***zu anstrengend.“***

Auch während des Saugens sucht sich Nils stets einen Stuhl. Er ***setzt sich****, greift das Staubsaugerrohr mit der rechten Hand und bewegt es vor und zurück. Seinen* ***Kopf stützt*** *er immer wieder in seine Linke. Seinen Blick und seine* ***Aufmerksamkeit kann Nils kurzzeitig*** *auf seine Aufgabe lenken. Auf Aufforderung gelingt es Nils, den Fußboden im Stehen und an anderer Stelle zu saugen. Das Staubsaugen unter den Schränken* ***mache ich ihm vor.*** *Ich zeige ihm, dass er auf alle Viere gehen kann, um unter den Schrank zu schauen. Er kann diese* ***Position angeleitet einnehmen****. Kurz darauf sucht er sich wieder den Sitz auf einem Stuhl als Arbeitsposition. Das Aufstehen vom Boden kostet Nils* ***viel Kraft****. Er möchte eine* ***Pause*** *machen. Insgesamt wirken alle Bewegungen und Aktivitäten sehr mühsam und schwerfällig.*

Beim Tischwischen kann Nils den Lappen ansatzweise ***auswringen****. Er bleibt sehr nass, so dass Nils den Tisch immer mit einem Handtuch nachwischt.*

Beim Malen und Schreiben hat Nils einen ***sehr zarten Stiftdruck****. Er bevorzugt das Arbeiten am PC mit der Tastatur.*

Übertrag auf die ***von der Tiefensensibilität beeinflussten Entwicklungsbereiche:***

Aufgrund der gemachten Beobachtungen und mit Blick auf die Tiefensensibilität gehe ich davon aus, dass *Nils einen niedrigen Muskelgrundtonus hat und wenig propriozeptive Rückmeldung erhält.*

Jetzt nehme ich die Liste von Seite 78 und gleiche sie mit den gemachten Beobachtungen von Nils ab. Anschließend finden wir im Team Alternativen für unseren gemeinsamen Alltag.

14 Lordose: Physiologische Form der Halswirbelsäule

Beim Entwickeln von Alternativen können Sie das Modell der wechselseitigen Einflussnahme der Sinne zur Hilfe nehmen.

Hinweise zum Tiefensensiblen System finden Sie ab Seite 74.

Von der Tiefensensibilität beeinflusste Entwicklungsbereiche	**Sie zeigt eine Veränderung in den folgenden Bereichen**	**Sich direkt ergebende Alternativen für Nils**
Das Körperbewusstsein (insbes. des Körperbegriffs)	Nils fallen Bewegungsübergänge schwer. Bspw. vom Stand in den Vierfüßlerstand. *Bei anderen Schüler*innen kann sich zudem zeigen, dass sie vergessen, wo sich ihre Arme/Beine befinden, oder ob der Mund offen oder geschlossen ist. Es fällt ihnen schwer, ein Bild von sich selbst zu malen und/oder Körperstellen zu benennen.*	Durch Klopfen auf den Körper (Siehe Körperwecken in Teil III) kann Nils seinen Körper immer wieder aktivieren. Das Klopfen wird idealerweise verbal begleitet. Die aktivierten Muskeln und Körperteile sind ihm wieder im Bewusstsein und er kann sie anschließend besser ansteuern.
Einnehmen und halten können von Positionen	Nils nimmt angeleitet geeignete Positionen ein. Er kann diese nicht ausreichend lange halten. *Bei einigen Schüler*innen mit wenig propriozeptiver Rückmeldung ist zu beobachten, dass sich diese häufig auf den Boden oder gegen Wände/Matten werfen.*	Da Nils einen niedrigen Muskelgrundtonus hat, werden wir im Schulalltag beachten: 1. Bei fein- und grafomotorischen Aktivitäten wird die Unterstützungsfläche so groß sein, dass sich Nils mit voller Konzentration der Tätigkeit widmen kann. 2. Es werden immer wieder (bei Nils ca. alle 15 Minuten) Bewegungsanlässe geschaffen. Material holen, Fenster öffnen, ... dies sorgt für tiefensensible Rückmeldung und akti-

Von der Tiefensensibilität beeinflusste Entwicklungsbereiche	Sie zeigt eine Veränderung in den folgenden Bereichen	Sich direkt ergebende Alternativen für Nils
		viert. Wir achten dabei darauf, dass Nils aufrichtende Bewegungsanlässe[15] nutzen kann. 3. Bei grobmotorischen Aktivitäten wird Nils die Möglichkeit geboten, Pausen zu machen und wieder in die Aktivität zu gehen. Nils wird beim Staubsaugen im Stehen arbeiten. Ein breitbeiniger Stand wird ihm mehr Sicherheit geben und seine Ausdauer erhöhen. Es wird ein „Pausen-Stuhl" im angrenzenden Zimmer stehen. Braucht Nils eine Pause, kann er sich setzen. Anschließend wird er im Stehen weiterarbeiten.
Grobmotorische Koordination und Bewegungsqualität	Der Wechsel von Positionen (vom Stand in den Vierfüßler) stellt für Nils eine große koordinative Herausforderung dar.	Im Schulalltag stehen immer wieder Tätigkeiten an, die die Koordination und Bewegungsqualität herausfordern. Wir werden Nils die Vorteile eines koordinierten Ablaufs transparent machen (über Sprache, Bilder, Vormachen und Selbsterfahrung!). Außerdem gilt in diesem Bereich: Übung macht den Meister! Also werden wir uns nicht scheuen, die Koordination immer wieder herauszufordern. Z. B.: mit Körperübungen im Unterricht, Anlässe für Positionswechsel schaffen (auch bei Nils in der Be-

15 Aufrichtende Bewegungen: Siehe Teil III Methoden und Beispiele

Von der Tiefensensibilität beeinflusste Entwicklungsbereiche	Sie zeigt eine Veränderung in den folgenden Bereichen	Sich direkt ergebende Alternativen für Nils
		rufsschulstufe!), Pausenaktivitäten anregen. Bezogen auf das Staubsaugen wäre das beispielsweise: den Staubsauger mit beiden Händen zu führen und sich über eine Zwischenposition in den Vierfüßlerstand zu begeben.
Die feinmotorischen Fertigkeiten (beim Verschlüsse öffnen und schließen, schneiden mit dem Messer, ...	Es fehlt ihm die Kraft beim Auswringen des Lappens, er isst meist nur mit dem Löffel.	Auch bei diesen Tätigkeiten wird eine günstige Ausgangsposition die Aktivität unterstützen. Eventuell können Hilfsmittel eingesetzt werden.
Die Grafomotorik (veränderte Stifthaltung, -führung, -druck – leicht und zart oder sehr fest)	Nils Schriftbild ist sehr zart und er hat wenig Ausdauer beim Schreiben.	Wir werden Nils eine stabile Ausgangsposition (s. o.) und „griffiges“ Material/Stifte bieten (also dicke Stifte mit weicher Mine, eine Antirutschmatte beim Schneiden und eventuell beim Schreiben, Griffverdickungen[16] anbringen). Nils soll das Schreiben am Computer üben. Eine stabile Ausgangsposition und ausreichend Bewegungsanlässe werden auch hier berücksichtigt.
Nahrungsaufnahme	Nils kaut meist mit offenem Mund.	Ist dies für die anderen Personen störend, so werden sie Nils darauf aufmerksam machen.

16 Griffverdickungen: siehe Beispielsweise Seite 116, Abb. Abbildung 14: Schreibhilfe Kugelgriffverdickung

Von der Tiefensensibilität beeinflusste Entwicklungsbereiche	Sie zeigt eine Veränderung in den folgenden Bereichen	Sich direkt ergebende Alternativen für Nils
Die Konzentrationsfähigkeit und halten der Aufmerksamkeit Vigilanz und Aktivierungsniveau	Diese ist im Alltag immer wieder herabgesetzt. Benötigt viel Zeit und wiederholte Aufforderung um eine Arbeit beginnen zu können.	Bewegungsanlässe in den Unterricht einbauen (s. o.). Zudem können, je nach Unterricht, weitere Reize gesetzt werden. Musik, frische Luft, Düfte, ... Im Vordergrund steht bei Nils die gelungene Balance zwischen Be- und Entlastung – sowohl körperlich als auch geistig.
Gesunderhaltung des Bewegungsapparates	Nils Positionen und Bewegungen sind bereits einseitig. Er setzt häufig nur seine rechte Hand ein, seine Linke lässt er hängen, auch sein Rumpf ist nach links gebeugt.	Wir werden das Thema „Gesunderhaltung des Bewegungsapparates" mit der gesamten Klasse thematisieren, erspüren und über das Schuljahr hinweg im Auge behalten. Ziel ist es alle Schüler*innen der Klasse dafür zu sensibilisieren. Nils wird nicht nur im Schulalltag aufrichtende Bewegungsangebote erhalten, sondern auch Übungen mit nach Hause nehmen und ein Bewegungstagebuch[17] führen.
Emotionaler Bereich: sich sicher und mutig fühlen.	Aufregung im Umgang mit fremden Menschen	Die oben benannten aufrichtenden Bewegungsangebote sollen Nils in sicherem Rahmen ermöglichen eine „mutige" und „große" Körperhaltung einzunehmen. Immer mehr kann diese Haltung, auch emotional verinnerlicht werden.

Es ist sehr wichtig, Nils immer die Möglichkeit zu geben, tiefensensible Informationen zu „holen" und ihm den notwendigen Halt für Positionen und Aktivitäten zu geben. Im Unterricht muss dies miteingeplant werden.

17 Bewegungstagebuch: ein Beispiel finden Sie dazu in Teil III

Grundsätze der Unterstützung im Schulalltag bei Schüler*innen mit wenig tiefensensibler Rückmeldung

✓ Achten Sie auf eine den Aktivitäten entsprechende Ausgangsposition

→ *Siehe: „Ein Wort zur Ausgangsposition“, ab Seite 75*

✓ Bieten Sie Ihren Schüler*innen Bewegungsmöglichkeiten an![18] Geben Sie möglichst viele praktische Aufgaben an Ihre Schüler*innen ab und lassen Sie diese tätig werden!

→ Material aus dem Regal holen

→ Karten im Unterricht im Raum verteilen oder von einem Tisch/einer Wäscheleine nehmen lassen, Schüler und Schülerinnen sammeln diese ein und ordnen sie der Aufgabe entsprechend an/ein.

→ Die Schüler*innen tragen ihre Stühle selbst, schieben Tische gemeinsam an den richtigen Ort – immer wieder den Raum und Lernort anpassen

✓ Binden Sie Bewegungsaufgaben (Parcours, ...) in Ihren Unterricht ein.

Zum Kopieren, als Hilfestellung und Anleitung für Sie und von Personen, die mit Ihren Schüler*innen arbeiten. 

2.4 Gibt es ein zu viel an tiefensensibler Rückmeldung?

Sollte die tiefensensible Rückmeldung stark gebahnt werden, so wird dies einen Einfluss auf das Embodiment haben. Wie wirkt sich diese stark gebahnte tiefensensible Rückmeldung auf den Austausch zwischen Psyche und Geist, Körper und Umwelt aus? Wie wird das Lernen beeinflusst?

Mit Blick auf die Abbildung 8 auf Seite 73 können wir recht einfach Hypothesen zu unserer Fragestellung herleiten.

18 Konkrete Ideen für den Unterricht finden Sie in Teil III des Buches 

- **Hypothesen: Eine stark gebahnte Körpereigenwahrnehmung ...**

- hemmt die Gleichgewichtsempfindung. Gleichgewichtsreize werden daher verstärkt gesucht. Bevorzugt werden dabei gleichbleibende und rhythmische Reize.

- führt dazu, dass wenig tiefensensible Reize über Druck, Gewichtetragen gesucht werden. Die Tiefensensibilität wird eher über Bewegung (Anregung des Vestibulums) angeregt.

- führt dazu, dass die fein differenzierenden Tastempfindungen gesucht werden, denn diese hemmen den tiefensensiblen Wahrnehmungsfluss.

- Zudem werden die **Schmerzrezeptoren** schneller aktiviert. Dies kann dazu führen, dass körperliche Anstrengung und kräftige Tastreize eher gemieden werden, da diese als unangenehm oder gar schmerzhaft empfunden werden.

Betrachten wir die auf Seite 78 aufgeführte Liste mit den (von der Tiefensensibilität) beeinflussten Entwicklungsbereichen, so zeigen sich in diesen Bereichen folgende Stärken:

- Die Schüler*innen haben ein starkes und präsentes Körperbewusstsein.

- Das Einnehmenkönnen von Positionen ist eine Stärke dieser Schüler*innen und bildet somit eine gute Grundlage für all ihre Aktivitäten.

- Die grobmotorische Koordination und Bewegungsqualität sind ausgeprägt. Das zeigt sich in den geschickten und geschmeidigen Bewegungen. Das Erlernen von neuen Bewegungsabläufen fällt diesen Schüler*innen leichter als anderen.

- Die feinmotorischen Fertigkeiten können sicher durchgeführt werden.

- Sie verfügen über eine sichere Grafomotorik.

- Die Nahrungsaufnahme gelingt ihnen sicher.

- Die Konzentrationsfähigkeit und das Halten der Aufmerksamkeit, sowie Vigilanz und Aktivierungsniveau sind adäquat vorhanden.

- Die Gesunderhaltung des Bewegungsapparates wird durch ein gutes Körperbewusstsein unterstützt.

- Im emotionalen Bereich wird es diesen Schüler*innen eventuell leichter fallen, sich sicher zu fühlen, der Umwelt mutig zu begegnen und eigene Wünsche, Bedürfnisse und Interessen zu vertreten.

Sich direkt daraus ergebende Alternativen im Alltag[19]

Haben wir beispielsweise mit unserer Schülerin Burcu (die eine stark gebahnte Körpereigenwahrnehmung hat) das gemeinsame **Ziel, neue Inhalte zu lernen**, so müssen Geist und Psyche, Körper und Umwelt in einem guten Austausch stehen. Dies können wir dieser Schülerin erleichtern, indem die nachfolgenden Punkte berücksichtigen.

✓ **Interesse an Neuem über den Tastsinn und den Gleichgewichtssinn** (rhythmische Bewegungen wie Wippen, Schaukeln) wecken. Dies gelingt uns auch, wenn wir bei älteren und schon geschickteren Schüler*innen Angebote im Bereich der differenzierten Feinmotorik und Geschicklichkeit anbieten (Packesel, eine Wippe mit Materialien belegen).

✓ Angebote über den **Tast- und Gleichgewichtssinn erhöhen die Wachsamkeit** und **steigern die Ausdauer** im Unterricht (bspw. ein Ballkissen nutzen).

✓ Die Stärke des Zugangs zum Körper nutzen, um neue Inhalte kennenzulernen, sich merken und eigenständig planen zu können.

Damit meine ich: die geschickte Burcu wird sich den Handlungsplan besser merken, wenn sie in der Vorbesprechung beispielsweise zu den Handlungsteilen Gebärden oder Bewegungen durchführt. Diese werden ihr eingängig sein, positive Emotionen freisetzen und die weitere Planung erleichtern.

✓ Die **Tiefensensibilität eventuell herausfordern** über grob- und feinmotorisch **koordinative Herausforderungen** – dies wird einer/m solchen Schüler*in Freude bereiten.

✓ Die **emotionale Stabilität als Ressource** nutzen und ein Gespür für andere Menschen/Mitschüler*innen entwickeln und eventuell lernen, diese zu vertreten (Bsp. Klassensprecher*in).

Sollten wir beobachten, dass Burcu körperliche Anstrengung oder kräftige Tastreize meidet, ist es möglich, dass sie diese als unangenehm empfindet. Eine körperliche Pause, eventuell auch die Möglichkeit sich auszuruhen wird ihr guttun.

---

19 Konkrete Beispiele finden Sie im Teil III des Buches

2.5 Diagnostik – Beobachtungen im Schulalltag

Im Folgenden werden Situationen, an der ICF-CY orientiert, aufgeführt, in denen die propriozeptive Wahrnehmung eine wichtige Rolle spielt. Das sind Situationen, in denen sie Haltung und Bewegung sowie die Konzentrationsfähigkeit und Ausdauer beeinflusst. Es ist mir ein großes Anliegen darauf hinzuweisen, dass die gemachten Beobachtungen im Gesamten gesehen werden sollen. Wir versuchen, ein Gefühl für das Embodiment unserer Schüler*innen zu bekommen, unsere Schüler*innen mit ihrem Verhalten zu verstehen. So können wir Barrieren im Schulalltag erkennen und durch Verändern des Lernortes, der Methode und des Materials förderliche Bedingungen für die Lernenden schaffen.

Vorgehensweise

In der Tabelle finden Sie Beobachtungssituationen, an denen Sie sich orientieren können.

Hier können Sie Zutreffendes unterstreichen. Die Spalte rechts dient der stichwortartigen Dokumentation zusätzlicher Beobachtungen. Außerdem können Sie schon hier festhalten,

1. ob die beobachteten Bewegungen, Haltungen und Positionen **unauffällig** sind und die propriozeptive **Wahrnehmungsverarbeitung als Ressource** genutzt werden kann,

2. oder ob der/die Schüler*in propriozeptive **Reize sucht (diese gerne hat)**, also diese **wenig gebahnt** sind.

Beobachtungsbogen – taktile Wahrnehmungsverarbeitung im Alltag

Schüler*in:	Beobachtet/ dokumentiert von:	Datum:

Bei passender Körperspannung und guter tiefensensiblen Rückmeldung	**Bei wenig tiefensensibler Rückmeldung und niedrigem Muskelgrundtonus**	**Weitere Beobachtungen**
Körperpositionen ändern und aufrechterhalten		
Sitz auf dem Stuhl am Tisch ▪ Füße stehen auf der Unterlage, die Knie sind in etwa zu 90° gebeugt ▪ Die Hüfte ist ebenfalls im rechten Winkel gebeugt, die Oberschenkel liegen auf der Sitzfläche auf ▪ **Das Becken ist aufgerichtet**, leicht nach vorne (ventral) gekippt ▪ **Die Wirbelsäule ist aktiv aufgerichtet** (Lendenlordose, BWS- Kyphose, HWS -Lordose) ▪ **Der Kopf wird frei in Verlängerung der Wirbelsäule gehalten** (Kinn leicht zur Brust geneigt) ▪ Die Schultern sind hinten und unten ▪ Becken, Rumpf, Hals und Kopf sind **symmetrisch** ausgerichtet ▪ Die **Arme können frei bewegt** und auf dem Tisch abgelegt werden	**Sitz auf dem Stuhl am Tisch** *Die Füße sind gekippt und stehen auf der Außenkante, oder die Beine sind um die Stuhlbeine geschlungen, die Knie werden nach außen gekippt, das Becken ist nach hinten gekippt und der Rumpf wird nicht oder nur wenig aufgerichtet und erscheint dabei rund. Der Kopf „hängt" nach unten, oder wird in den Nacken gebeugt (– so kann der Blick höher gerichtet werden), meist wird er in die Hände gestützt, oder auf einem Arm abgelegt. Die Schultern „fallen" nach vorne. Der Sitz ist häufig zu einer Seite geneigt, damit der Rumpf abgestützt werden kann.*	

Positionswechsel ▪ Der **Schwerpunkt** wird sicher verlagert ▪ Es findet ein **koordiniertes Zusammenspiel aller Körperteile statt** ▪ Die **Bewegungen sind sicher, zielgerichtet** ▪ Bewegungstempo, -ausmaß und Kraft sind **harmonisch abgestimmt**	**Positionswechsel** *Der Positionswechsel erfolgt über das Abstützen auf einem Stuhl, über eine Zwischenposition – meist dem Fersensitz und die Bewegungen sind schnell und plump. Positionswechsel werden dazu genutzt, um sich auf den Boden zu werfen, oder gegen etwas zu rennen.*	
Langsitz und Schneidersitz auf dem Boden ▪ Das Gesäß und die Beine liegen auf der Unterstützungs- und Kontaktfläche auf ▪ Die Hüfte ist gebeugt und die Beine sind leicht geöffnet (abduziert), Knie sind locker gestreckt, oder angewinkelt ▪ Die Hüfte ist beim Langsitz leicht außenrotiert (zu sehen an den Füßen, die nach außen kippen), beim Schneidersitz entsprechend stark außenrotiert ▪ Das Becken ist aufgerichtet, leicht nach vorne (ventral) gekippt ▪ Die Wirbelsäule ist aktiv aufgerichtet (Lendenlordose, BWS- Kyphose, HWS-Lordose) ▪ Der Kopf wird frei in Verlängerung der Wirbelsäule gehalten (Kinn leicht zur Brust geneigt) ▪ Becken, Rumpf, Hals und Kopf sind symmetrisch ausgerichtet ▪ Schultern sind hinten und unten, die Arme können leicht gebeugt und locker auf den Oberschenkeln abgelegt werden	**Lang- und Schneidersitz auf dem Boden:** *Als Sitzposition auf dem Boden wird statt des Langsitzes oder Schneidersitzes der Zwischenfersensitz oder Seitzsitz mit seitlichem Anlehnen gewählt, das Becken ist nach hinten gekippt, der Rumpf wird nicht aufgerichtet. Bevorzugt wird zudem die Möglichkeit, sich anlehnen zu können.*	

<table>
<tr><td>Der Stand
▪ Füße stehen parallel unter der Hüfte auf der Unterlage und sind gleichmäßig belastet
▪ Die Beine sind leicht geöffnet und locker gestreckt
▪ Das Becken ist aufgerichtet, leicht nach vorne (ventral) gekippt
▪ Der Bauch ist leicht angespannt und die Wirbelsäule ist aktiv aufgerichtet (Lendenlordose, BWS-Kyphose, HWS-Lordose)
▪ Der Kopf wird frei in Verlängerung der Wirbelsäule gehalten (Kinn leicht zur Brust geneigt)
▪ Schultern sind hinten, unten und die Arme und Hände hängen locker seitlich herab
▪ Becken, Rumpf, Hals und Kopf sind symmetrisch ausgerichtet</td><td>Der Stand
Der eingenommene Stand wird häufig verändert, der Körper wird, wenn möglich an einer Wand angelehnt. Das Gewicht wird immer wieder von einem auf das andere Bein verlagert, wobei meist ein Knie überstreckt, das andere gebeugt wird. Dadurch wird auch das Becken immer wieder asymmetrisch seitlich gekippt. Stehen beide Füße mit gleicher Belastung auf dem Boden, so sind das Becken und der Rumpf nicht aufgerichtet und erscheinen (wie beim Sitz auf dem Stuhl beschrieben) schlaff.</td><td></td></tr>
<tr><td colspan="2">Sich kleiden</td><td></td></tr>
<tr><td>Kleidung kann selbständig ohne Hilfe angezogen werden. Das Körpergewicht kann verlagert werden, die Bewegungen sind gezielt, das Zusammenspiel der Arme, Hände, Füße, Beine und des Kopfes ist gut koordiniert. Reißverschlüsse, Knöpfe können geöffnet und geschlossen werden.</td><td>Das Kleiden scheint viel Mühe zu kosten. Besonders das Anheben der Arme über den Kopf, das Verlagern des Körpergewichtes, das Aufrichten ist erschwert. Die bevorzugte Position ist der Sitz (auf dem Boden) mit einer Möglichkeit sich anzulehnen.</td><td></td></tr>
<tr><td colspan="2">Fein- und Grafomotorik</td><td></td></tr>
<tr><td>Aus einer stabilen Position heraus können verschiedenste Verschlüsse geöffnet und geschlossen werden. Die Hände arbeiten geschickt miteinander und die Finger können differenziert voneinander bewegt werden (Versuchsmöglichkeit: Daumen-Finger-Opposition mit geschlossenen Augen).</td><td>Besonders das Schließen von Verschlüssen ist erschwert. Oft fehlt die Kraft in den Händen und Fingern um die kleinen Verschlüsse beim Verschließen (aber auch Öffnen) zu halten. Je größer der Verschluss, desto leichter fällt es, ihn zu benutzen.</td><td></td></tr>
</table>

Der Stift wird mit passendem Druck harmonisch in der Bewegung über das Papier geführt. Dabei ist die Schulter entspannt, der Unterarm liegt auf dem Tisch auf, das Handgelenk und die Finger sind harmonisch in den Bewegungen.	*Beim Malen und Schreiben zeigt sich eine hochgezogene Schulter, der gesamte Oberkörper hat Kontakt zum Tisch, der Arm liegt auf, die Bewegungen sind schwerfällig, groß, noch nicht differenziert und mit wenig Druck auf das Papier. Der Stift wird verkrampft, häufig in der Faust gehalten.*	
Kontakt		
Begibt sich sicher in Kommunikation, kennt den eigenen Standpunkt und eigene Interessen und formuliert diese.	*Scheint in der Kommunikation zögerlich, bringt sich selbst und seine Interessen eher weniger ein.*	
Aufmerksamkeit und Ausdauer		
Kann im Unterricht seinen Fokus, auch bei Ablenkungen, halten und ausdauernd arbeiten.	*Lässt sich leicht ablenken und ermüdet beim Arbeiten am Tisch schnell. Bei Unterrichtsgesprächen ist zu beobachten, dass die Position häufig geändert wird, der Kopf gestützt wird, der/die Schüler*in scheint zu ermüden.*	
Ableitung von Hypothesen (benennen vermuteter Barrieren):		
Überprüfung der Hypothesen durch das Schaffen von förderlichen Umweltfaktoren, **Benennung konkreter Umsetzungsmöglichkeiten im Schulalltag und Dokumentation:**		

2.6 Das Wichtigste zur Propriozeption in Kürze

- Die Tiefensensibilität gibt uns über die Bewegungen Rückmeldungen aus unserem Körper und dies bereits in der Fetalzeit
- Sie ermöglicht uns das Wahrnehmen von Bewegungsrichtung und -geschwindigkeit, Dehnung, Kraft, Druck, Stellung der Gelenke zueinander und ist dadurch eine Voraussetzung für die Koordination
- Die Tiefensensibilität hat großen Einfluss auf unsere Haltung und Bewegung
- Ein niedriger Muskelgrundtonus vermindert die tiefensensible Rückmeldung
- Ohne ausreichend tiefensensible Rückmeldung entwickeln wir ein verschwommenes Körperbild
- Wir brauchen tiefensensible Rückmeldung, um wach und aufmerksam bleiben zu können
- Eine stabile Position unterstützt die Fein- und Grafomotorik und erhöht die Konzentrationsspanne

3. Das Gleichgewichtssystem – vestibuläres System

Das Gleichgewichtsystem gehört, wie der Tastsinn und die Tiefensensibilität, zu den **drei Basissinnen und stellt damit einen Bezugssinn dar**. Unabhängig von der Position, in der wir uns befinden, setzen wir uns mit der **Schwerkraft** auseinander. Diese bildet somit eine **sehr wichtige Konstante**, auf die wir uns verlassen können müssen.

Das vestibuläre System hat die besondere Aufgabe:

Gemeinsam mit **der Propriozeption** die Anpassung und Erhaltung von **Körperhaltung** und Regulation unserer **Wachheit**.

→ *Dies ermöglicht den aufrechten Gang des Menschen,*
→ *gewährleistet die Gleichgewichtsreaktionen,*
→ *dient dem Raumorientierungs- und Bewegungssinn.*

Zudem hat es einen großen Einfluss auf die Ausbildung
→ unseres **Körperschemas**,
→ unseres **inneren, psychischen Gleichgewichts**,
→ unserer **Seitendominanz** und schulischen Fertigkeiten.

Der sich entwickelnde Gleichgewichtssinn erfährt bereits im Mutterleib vielfache Stimulation. Wie alle Sinne braucht er diese, um sich ausbilden zu können und in die „Musterbildung“ (siehe Kapitel „Embodiment“) miteinbezogen zu werden.

Minimale Veränderungen der Position und Bewegung haben schon sehr früh Auswirkungen auf das sich entwickelnde Gehirn.
„Bereits 9 Wochen nach Empfängnis entstehen die vestibulären Kerne, und ab der 10. oder 11. Schwangerschaftswoche nehmen sie ihre Arbeit auf.“ (Ayres, 2016, S. 55)
Die vestibulären Kerne sind sehr wichtige Schaltstellen in unserem Gehirn. Sie verschalten sämtliche eintreffende und wegführende Reize miteinander, natürlich immer in Verbindung mit den Reizen des Gleichgewichtorgans. Mit dieser Aufgabe, so können Sie sich sicher vorstellen, nimmt auch die Stimulierung des Gleichgewichtorgans in der Entwicklung eine bedeutende Rolle ein.
Wie die Natur es will, wird sich daher der Fötus nicht mit einer Position zufriedengeben. Er bewegt sich und bewegt sich immer und immer wieder. Dabei stößt er an die Begrenzung von außen und bekommt Rückmeldungen aus seinem Körper. Mehr und mehr werden Reize zu Erfahrungen und gehen Hand in Hand miteinander.
Zum Ende der Schwangerschaft unterstützt der Gleichgewichtssinn die Einstellung in den Geburtskanal.

Nach der Geburt erfährt das Kind, dass die begrenzende Hülle fehlt. Es hat Luft und Raum um sich. Gleichzeitig erfährt das Kind nun einen starken und gleichbleibenden Reiz des Gleichgewichtes.

Die Schwerkraft. Diese gibt **Sicherheit** und ist immer da!

„Ist das vestibuläre System gut integriert, so erleben wir ***Schwerkraftsicherheit*** *– das Vertrauen, dass wir mit beiden Füßen fest auf der Erde stehen, und dass diese immer ein sicherer Platz ist.“* (Ayres, 2016, S. 99)

Besteht eine Schwerkraftunsicherheit, wird diese elementare Sicherheit, laut Ayres, genommen. Ängste halten diese Kinder häufig davon ab, Bewegungserfahrungen zu sammeln, wodurch sich diese Unsicherheit nicht nur auf die psychische Stabilität, sondern auch auf Bewegungsfreude und Bewegungserfahrungen auswirken wird.

So wurde während der Geburt die starke und immer präsente Umhüllung des Körpers durch Raum und Schwerkraft abgelöst. **Eine vollkommene Umstellung für jedes Kind.**

Ab dem Zeitpunkt der Geburt setzt sich jedes Kind permanent mit der Schwerkraft auseinander. Es entwickelt eine verlässliche Beziehung zu ihr.

In der Entwicklung wird es sich zunehmend gegen sie aufrichten, sich ihr hingeben, mit ihr spielen. Denken Sie nur, wie ein Kind zunächst mühsam das Köpfchen hebt, wie es über viele Entwicklungsschritte zum Sitz kommt und irgendwann auf einem Bein steht und auf Bäume klettert. Immer mit dem Bewusstsein, sich auf die sichere Beziehung mit der Schwerkraft verlassen zu können.

Weitere wesentliche Aspekte des Gleichgewichtssinnes in der Entwicklung werde ich ab Seite 99. „*Das Gleichgewichtssystem in Verbindung mit den anderen Sinnen*“ aufgreifen.

Der Gleichgewichtssinn vermittelt uns unterschiedliche Wahrnehmungsqualitäten. Diese möchte ich Ihnen nachfolgend schildern.

Die Rezeptoren des Gleichgewichtssinnes und die Wahrnehmungsqualitäten

Gemeinsam mit der Cochlea (Hörschnecke) liegen die Vestibularorgane im Innenohr und werden als Labyrinth bezeichnet. Sie haben sehr empfindliche Rezeptoren und unterteilen sich in drei senkrecht zueinander stehenden Bogengängen und die Maculaorganen.

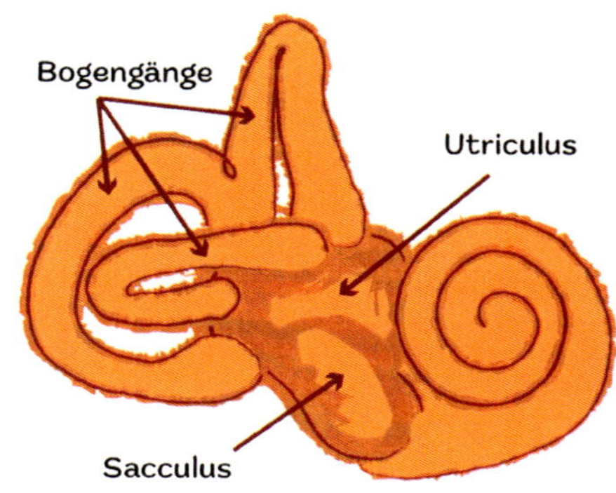

Die Bogengänge erfassen die Drehgeschwindigkeit.

Die Maculaorgane bestehen aus einem großen und einem kleinen Vorhofsäckchen. Ihre Funktionen sind:

1. das **große Vorhofsäckchen (Utriculus)** und *erfasst geradlinige horizontale Geschwindigkeitsänderung,*

2. das **kleine Vorhofsäckchen (Sacculus)** *erfasst geradlinige vertikale Geschwindigkeitsänderung.*

Eine gleichbleibende Geschwindigkeit wird nicht mehr weitergeleitet. So spüren wir beispielsweise beim Zugfahren mit geschlossenen Augen nicht, ob wir fahren oder nicht. Erst bei Geschwindigkeitsänderungen werden diese wieder wahrgenommen.

„Diese 5 Organe einer jeden Seite sind hochspezialisierte Sinnesorgane, um Dreh-, (Winkel-) und Translationsbeschleunigungen zu messen." (Schmidt & Schaible, 2006, S. 325)

Zudem werden über das knöcherne Labyrinth **Vibrationen** weitergeleitet und können von den Maculaorganen erfasst werden. Die Gleichgewichtsorgane können also auch Vibrationen wahrnehmen.

Letztendlich ist die Hauptaufgabe der Vestibularorgane, die Gleichgewichtsfunktionen zu ermöglichen. Nur durch sie ist es uns möglich, **aufrecht zu stehen und zu gehen**. Wir unterscheiden also das **statische von dem dynamischen Gleichgewicht**. Beides brauchen wir, um das Gleichgewicht von Objekten mit und auf Objekten halten zu können. Um wiederum im Gleichgewicht bleiben zu können, benötigen wir unseren **Haltungshintergrund, die funktionierenden Stell- und Stützreaktionen.** Das schaffen die Vestibularorgane nicht alleine. Hierfür arbeiten optische, somatosensorische und vestibuläre Informationen Hand in Hand.

Siehe nächstes Kapitel: Gleichgewichtssystem in Verbindung mit den anderen Sinnen.

Aus Abbildung 11 können Sie ablesen, dass unsere Schüler*innen den Gleichgewichtssinn brauchen, um nicht vom Stuhl zu fallen, um gehen, balancieren oder hüpfen zu können. Sie brauchen die Grundlage eines gut integrierten Gleichgewichtssinnes jedoch auch, um beispielsweise Teller aus einem Regal nehmen und

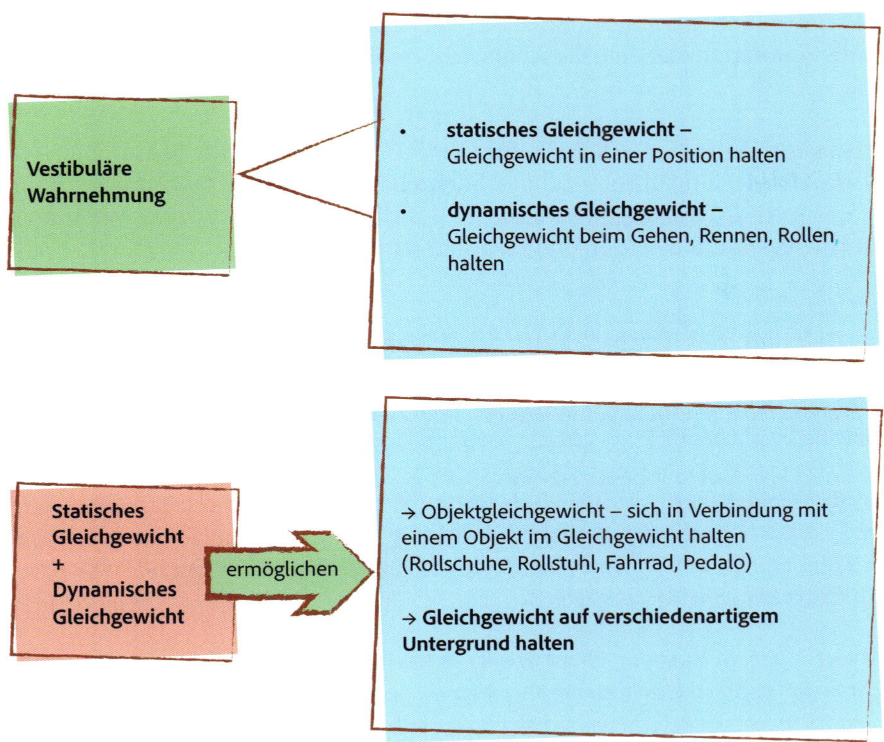

Abbildung 11: Einteilung in statisches und dynamisches Gleichgewicht

diese wieder abstellen zu können, oder um ein volles Glas Wasser tragen zu können. Wie hier wiederum die Propriozeption mitwirkt wissen Sie ja bereits. Apropos Gleichgewicht in Verbindung mit den anderen Sinnen: Ich würde sagen, dass dies das Spezialgebiet des Gleichgewichts ist.

Das Gleichgewichtssystem in Verbindung mit den anderen Sinnen

Jean Ayres schrieb: „*Das vestibuläre System hat Verbindungen zu fast allen Teilen des Gehirns*“ (Ayres, 2016, S. 88)

Das Gleichgewichtssystem steht in direkter Verbindung zum Sehen, Hören und zur Tiefensensibilität!

Hatten Sie schon mal eine VR-Brille auf? Obwohl Sie auf festem Boden stehen, kann Sie die Animation aus dem Gleichgewicht bringen. Das ist ein merkwürdiges Gefühl.

Um das vestibuläre System und seinen Einfluss auf die gesamte Sensomotorik sowie die Entwicklung unserer Schüler*innen besser verstehen zu können, schauen wir uns jetzt an, wie die Informationen des Gleichgewichtssystems mit anderen Bereichen verknüpft werden und zusammenarbeiten.

Das Beispiel „Schifffahrt" kann die Zusammenarbeit verdeutlichen

Vor Kurzem kam ich von einer Klassenfahrt nach Hause und hatte enorme Gleichgewichtsprobleme. Was war los?

*Auf etlichen Bootsfahrten auf dem Bodensee wurde mein Gleichgewicht stark herausgefordert. Priorität hatte für mich dabei der stabile Stand und dass mir nicht übel wurde. Schließlich war ich für die Schüler*innen zuständig und nicht andersherum. Darauf konzentrierte ich mich. Es hat prächtig funktioniert.*

Seit vier Tagen an Land und längst wieder in Reutlingen, wurde ich nun das Schwanken nicht mehr los. Sobald ich in einem eher kleinen, geschlossenen Raum (bspw. Toilette) war, spürte ich in meinen Beinen, wie sich der Boden hob und senkte (fehlerhaft gemeldete propriozeptive Reize). Auch in den Armen spürte ich die Einwirkung der Schwerkraft durch das vermeintliche Auf und Ab. Schloss ich die Augen, so stolperte und schwankte ich (visuelle Kontrolle unterstützt Propriozeption, Gleichgewicht und Koordination). Genauso ging es mir, wenn sich etwas oder jemand langsam um mich bewegte (Sehen und Gleichgewicht). Dabei war es mir oft leicht flau im Magen und ich fühlte mich schnell müde und zittrig (vegetative Reaktionen).

Was ist nur passiert? Beinahe wäre ich zum HNO marschiert. Doch die Furcht, dass dieser den Gleichgewichtssinn stimulieren und testen würde, hat mich zur Selbstreflexion motiviert. Anscheinend hatte mein Gehirn auf dem Schiff seine Verarbeitung an die Umgebung angepasst. Gute Arbeit! Ich musste also den Bezugssinn als meine Konstante wieder stärken.

Mein Gehirn durfte also wieder lernen, dass der Boden ruhig ist und nicht schwankt. Das erforderte viel Konzentration und gezielte Übung. Ich legte mich auf das Sofa, fühlte bewusst die Einwirkung der Schwerkraft, konzentrierte mich auf das „Nicht-bewegt-werden" und fixierte nun mit den Augen einen sich drehenden, bunten Ball. Ich folgte mit den Augen den Farbflecken auf dem Ball und konzentrierte mich darauf, dass sich der Ball bewegte und ich auf festem, ruhigem Untergrund lag. Ein erleichterndes Gefühl stieg in mir auf. Ich fühlte tatsächlich den festen, sich nicht bewegenden Untergrund und sah Bewegung!

Es funktionierte immer besser. Sie können sich gar nicht vorstellen, wie froh ich war! Diese Routinen begleiteten mich ein paar Tage und ich war erstaunt darüber, wie sich das Gehirn doch wieder „sortiert". Mein „Landschwindel" wurde mit jedem Mal Üben besser und verschwand recht schnell vollständig.

In diesem Beispiel habe ich versucht, die Verbindungen des Gleichgewichtssystems zur Tiefensensibilität, zum Sehsinn und zum vegetativen System aufzuzeigen. Lassen Sie uns die Bereiche nun im Einzelnen anschauen.

Die Rolle der Formatio reticularis

Plötzliche und sich laufend ändernde Gleichgewichtsinformationen aktivieren die **Formatio reticularis** (im Stammhirn). Damit aktiviert es das **„Weckzentrum"**. Wir werden aktiviert und wach.

Bleiben Gleichgewichtsreize eher ruhig und **gleichmäßig, wirken sie eher beruhigend** und einschläfernd (Zug fahren, leichtes Schaukeln in der Hängematte).

Siehe auch „*Filterprozesse im Hirnstamm*" Seite 24

Wie ist das in Ihrem Unterricht? Wann sind Ihre Schüler*innen aktiviert? Wann erreichen Sie Ihre Schüler*innen am besten? Sicher dann, wenn sie frisch aus der Pause kommen, oder wenn sie eine Bewegungsübung eingebaut haben. Möglicherweise aber auch, wenn die Schüler*innen einfach nur Material an ihren Arbeitsplatz geholt haben.

Im Bereich der Formatio reticularis liegen die Vestibularkerne. Diese gehören zu den Hirnnervenkernen und **verschalten direkt eintreffende Reize des Bewegungsapparates, der Augen und des Innenohrs** (Hören und Gleichgewicht). Sehr schnell kann so zum Beispiel unser Kopf über Reflexe stabilisiert und je nach Aufgabe ausgerichtet werden.

Das Gleichgewicht dient dabei der Haltungskontrolle und wirkt auf die **Verarbeitung von Sehen**, Hören und **Bewegen** ein.

Vestibulum und Propriozeption/Tiefensensibilität

Die fein abgestimmte Zusammenarbeit geht bereits aus dem Beispiel „Schifffahrt" hervor. Unglaublich, wie der Körper auf dem schwankenden Schiff die Balance hält und wir es schaffen, durch Gewichtsverlagerung und Ausfallschritte im Gleichgewicht zu bleiben. Droht der Körper aus dem Gleichgewicht zu geraten, so steigt die Körperspannung und wir stabilisieren uns von körperfern hin zur Körpermitte.

Ich möchte Ihnen ein anderes Beispiel aus dem Alltag nennen, bei dem wir die Zusammenarbeit von Tiefensensibilität und Gleichgewicht beobachten können: Gehen wir eine alte, verschobene Steintreppe hinab, so können wir, ohne hinzufallen, geschickt und vorausschauend unsere Schritte an die Umgebung anpassen. Das Gleichgewichtssystem, die Propriozeption, der Sehsinn und unsere Erfahrungen arbeiten dazu Hand in Hand. Je besser die Zusammenarbeit der Beteiligten, desto geschmeidiger und sicherer wird der Treppenabstieg bewerkstelligt. Sind wir abgelenkt, sehen nicht genau hin und die Treppenstufe fällt unerwartet kleiner aus, so wird direkt und völlig unbewusst eine Haltungskorrektur vorgenommen (posturale Reaktionen[20]). Unser Körper stabilisiert sich und wird in eine aufrechte Position zurückgeführt.

Jedoch nicht nur in Bewegung arbeiten die Propriozeption und das Gleichgewicht zusammen, sondern auch beim Einnehmen und Halten von Positionen (siehe Beispiel oben).

Dies finden Sie ab Seite 70 in: „Die Propriozeption in Verbindung mit anderen Systemen“

Die gelungene Zusammenarbeit von Gleichgewicht und Propriozeption

- ermöglicht es uns, dass wir uns aufrecht halten können
- gewährleistet die Gleichgewichtsreaktionen
- unterstützt die Raumorientierung und das Bewegungsempfinden, auch passiver Bewegungen (wahrnehmen können, wenn wir bewegt werden – Beschleunigung und Abbremsen, Lageveränderungen, sowie Drehbewegungen)
- ist mitverantwortlich für die Bildung des Körperschemas (siehe Seite 78) und
- den Aufbau von körperlicher und emotionaler Sicherheit

Unsere Schüler*innen können dadurch im Unterricht

- stehen/sitzen bleiben
- sich in ihrer Arbeitsposition der Aufgabe entsprechend ausrichten
- sich mit oder ohne Hilfsmittel zielgerichtet fortbewegen
- sich im Raum orientieren, Distanzen einschätzen
- Gegenstände im Gleichgewicht halten (bspw. das volle Wasserglas)

---

20 Posturale Reaktionen: *„Eine posturale Reaktion ist eine koordinierte Abfolge von Elementen der Halte- und Stützmotorik, die von einem zentralen Programm aufgerufen wird.“* (Schmidt & Schaible, 2006, S. 126)

Kleinhirn

Nur durch die **Beteiligung des Kleinhirns** können wir unsere Bewegungen koordiniert und harmonisch ausführen.

„Es sorgt für die Koordination der Ziel- und Stützmotorik und für die Feinabstimmung von Bewegung, indem es den präzisen räumlich-zeitlichen Einsatz von Muskeln und Muskelgruppen regelt. Ihm kommt beim motorischen Lernen, bei der Stabilisierung von Körperhaltung und Gleichgewicht und bei der Kontrolle von Augenbewegungen eine wichtige Rolle zu.“ (Schmidt & Schaible, 2006, S. 120–121)

Können wir unsere Position nicht halten, so verlieren wir unser Gleichgewicht. Stolpern wir, so werden wir aktiviert und wir reagieren bewusst. Wir merken uns das Geschehen, speichern es ab und können auf diese Erfahrungen wiederum in **ähnlichen Situationen** zurückgreifen. Dies alles geschieht mit Unterstützung **des Kortex**. Er sorgt zudem dafür, dass wir aus den gemachten Gleichgewichts- und Bewegungserfahrungen ein Verständnis für Raum-Lage, Richtungen, Distanzen, räumliche Beziehungen ... entwickeln.

Diese sehr wichtigen grundlegenden Fähigkeiten bilden die Basis vieler schulischen Fertigkeiten.

Vestibulum und Sehsinn

Der Sehsinn und das Gleichgewichtssystem stimmen sich ständig ab. Im Beispiel „Schifffahrt“ wurde dies deutlich.

Wir können durch diese gute Abstimmung erkennen, ob sich ein Gegenstand vor unserem Auge bewegt oder wir uns selbst bewegen bzw. bewegt werden.

Probieren Sie doch mal Folgendes aus:

Jemand bewegt ein Buch vor Ihren Augen ungleichmäßig hin und her. Lesen Sie!

Jetzt bewegen Sie das Buch vor Ihren Augen ungleichmäßig hin und her. Lesen Sie!

Sicher haben Sie den Unterschied bemerkt. Die Kopf- und Augenbewegungen lassen sich sehr gut steuern, wenn Sie die Bewegung vorwegnehmen können.

➔ ***Konsequenz für die Schule: Eigenbewegung kann besser verarbeitet werden. Denken Sie beim Essengeben, bei der Körperpflege ... auch daran!!***

Oder: Ein Kind sieht beispielsweise in Bewegung verschwommen, stolpert häufig –

Wie Sie nun wissen, muss das Problem nicht der Sehsinn selbst sein! Häufig liegt es an der Zusammenarbeit mit dem Gleichgewichtssystem und der Propriozeption.

➔ ***Konsequenz für die Schule: ganzheitliche Bewegungsaufgaben, die alle Sinne fordern unterstützen die Entwicklung der Schüler*innen!*** Schüler*innen bewegen sich unter etwas hindurch, steigen **über, gehen vorbei** ... und haben die Möglichkeit, das Gleichgewicht in Zusammenarbeit mit dem Sehen vielfältig herauszufordern.

Konkrete Beispiele finden Sie in Teil III des Buches.

Gehör und Vestibulum

Der Hörsinn ermöglicht es uns ebenfalls, dass wir uns im Raum orientieren können. Über einen komplexen Vorgang, bei dem die eintreffenden Reize von beiden Ohren abgeglichen werden, können wir räumlich hören. Diese Reize werden ständig u. a. mit den Gleichgewichtsreizen abgestimmt.

Tastsinn

Tastinformationen zur Unterlage, Begrenzungen am Körper werden mit dem Gleichgewicht abgestimmt. Er spielt im Zusammenhang mit dem Gleichgewicht eine eher untergeordnete Rolle.

Das Vestibuläre System und die bilaterale Integration

Für den Erwerb von Fähigkeiten und Fertigkeiten ist eine ausbalancierte Modulation der Reize und ein gutes Zusammenspiel von linker und rechter Hirnhälfte (bilaterale Integration) Voraussetzung.

Jean Ayres beschrieb, dass sich der bilaterale Informationsaustausch bereits in den vestibulären Kernen auf Hirnstammniveau stattfindet (vgl. Ayres, 2016, S. 287).

Daher können wir annehmen, dass der Gleichgewichtssinn eine große Rolle für das Verschalten der rechten und linken Hirnhälfte spielt. Interessanterweise lässt sich dies bei Schüler*innen beobachten, die Gleichgewichtsreize in hohem Maße suchen, also waghalsig klettern, hoch schaukeln oder sich gerne im Karussell drehen.

Liegt eine Unterempfindlichkeit des Gleichgewichtssystems vor, so kann man davon ausgehen, dass die Hirnhälften nicht ausreichend verknüpft sind.

Dies hat Einfluss auf die Alltagspraxis und Schulleistungen:

- Im alltäglichen Bereich fällt auf, dass die Schuhe oft vertauscht werden, Kleidungsstücke schwer von links auf rechts gedreht werden können und die Händigkeit unklar ist.
- Der Haltungshintergrund mit Ausrichtung gegen die Schwerkraft, die Raumwahrnehmung, die Motorik, die bilaterale Integration haben einen großen Einfluss auf die grafomotorischen Fertigkeiten! Probleme in der Raumwahrnehmung führen beispielsweise zu Zahlendrehern (41 oder 14??), zu Buchstabenverwechslungen (b,p,q), aber auch zu Leseproblemen (nie, ein). Es kann für diese Schüler*innen schwer sein, ein Papier in ein Heft einzukleben oder Materialien richtig anzuordnen.
- Die Umsetzung und das Erkennen von zeitlichen Abfolgen, wie beispielsweise des Tagesablaufes, sowie Handlungsabfolgen (beim Klettern von A nach B, beim Kochen nach Rezept ...) kann bei einer Unterempfindlichkeit des Gleichgewichtssystems erschwert sein.

3.1 Modell wechselseitiger Einflussnahme der Sensomotorik

Jetzt kennen Sie wesentliche Zusammenhänge des vestibulären Systems und der anderen sensomotorischen Bereiche. Doch wie lassen sich die **Lernumgebung und Methoden** für unsere Schüler*innen unter Berücksichtigung dieser Kenntnisse sinnvoll gestalten? Um darauf eine Antwort zu finden, möchte ich mit Ihnen auf die wechselseitige Einflussnahme der Sensomotorik blicken. Hieraus können wir **wirksame Unterrichtsangebote** ableiten (s. Abb. 12, S. 106).

Bezogen auf das vestibuläre System können wir aus diesem Modell ableiten:

1. Das Vestibulum **aktiviert zunächst den Netzkörper**. Bleiben die Informationen gleich (beispielsweise das Ruckeln beim Zugfahren, das Schwingen in einer Hängematte), so wird die Aktivität des Netzkörpers wieder reduziert.
2. Arhythmische Bewegungen und in der Intensität variierende Bewegungen aktivieren uns, steigern unsere **Wachheit und erhöhen den Muskeltonus**.
3. Die **bewusste Gleichgewichtswahrnehmung** (über den **Kortex)** hemmt die Gleichgewichtsempfindung.
4. Eigenaktivität und Tastempfindungen hemmen die Wirkung und Empfindung der vestibulären Wahrnehmung.

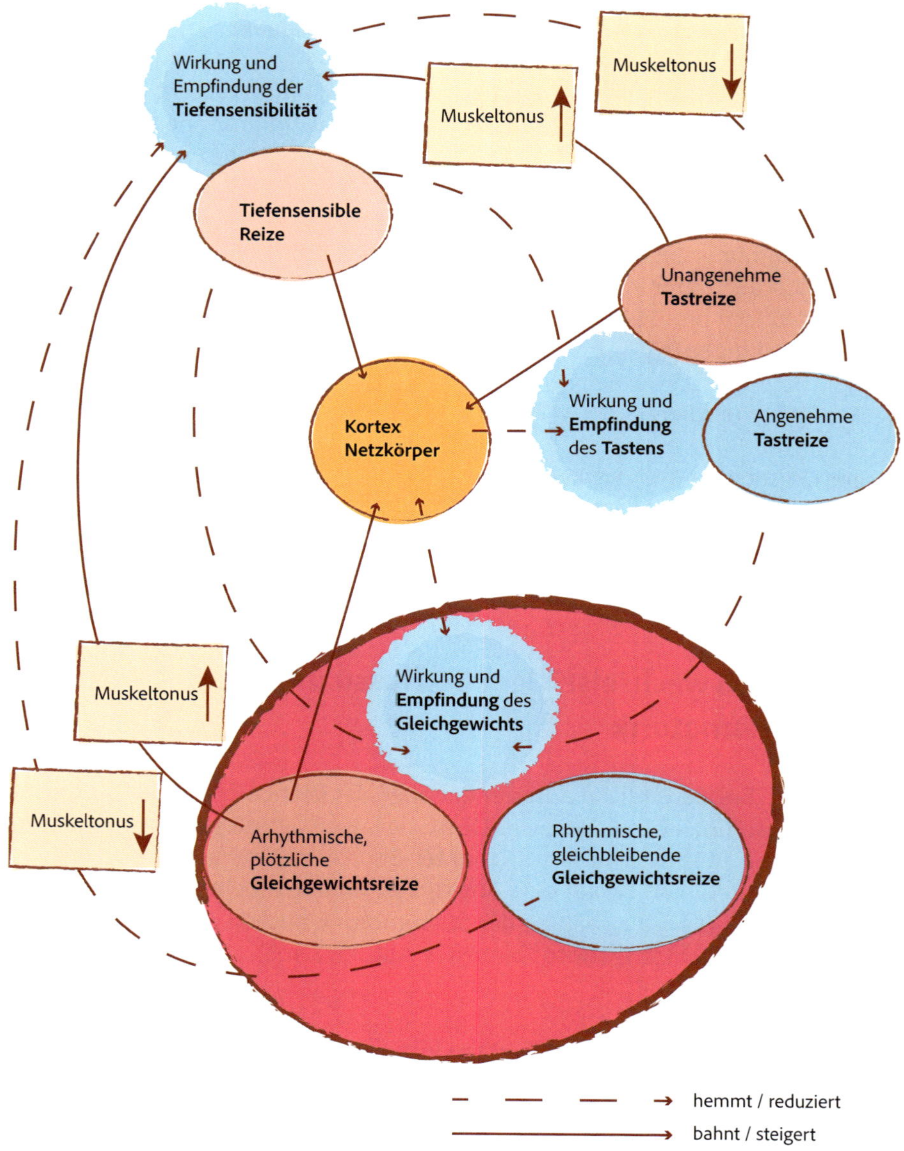

Abbildung 12: Modell wechselseitiger Einflussnahme der Sensomotorik – Fokus Gleichgewicht

5. Über die Vestibulariskerne steht der Gleichgewichtssinn in engem Zusammenhang mit der Einordnung von Seh-, Hör-, Tiefensensiblen Reizen. Es trägt zur „Organisation" der Reize bei.
   - Steuerung der Nackenmuskulatur – Kopfhaltung
   - Steuerung der Augenbewegung z. B. beim Lesen gefragt
   - Hör- und Sprachentwicklung

6. Der Gleichgewichtssinn steht in enger Verbindung mit dem Kleinhirn und nimmt damit Einfluss auf die Koordination, sowie Ziel- und Stützmotorik.
7. Die ständige Einwirkung der Schwerkraft gibt uns wiederum eine konstante Sicherheit. Diese durchgehend auf uns einwirkende Kraft bildet einen sicheren Bezug. Wir können uns an dieser einwirkenden Kraft orientieren. Das gibt uns Sicherheit in den ersten Erfahrungen mit der Umwelt (s. o.) und ist vertrauensbildend in Bezug zur Welt. In übertragenem Sinne lässt diese Schwerkraftsicherheit einen *„sicheren Stand, mit beiden Beinen auf der Erde“* zu (vgl. Ayres, 2016, S. 99).

3.2 Bedeutung der vestibulären Wahrnehmungsverarbeitung für den Unterricht

Zusammengefasst nimmt das vestibuläre System einen großen Einfluss auf folgende Entwicklungsbereiche, Fähigkeiten und Fertigkeiten:

- Aktivierung und Vigilanz (siehe Seite 18)
- angepasster Muskeltonus während Aktivität und Ruhe
- grob- und feinmotorische Koodination
- Bewegungsplanung und Praxie[21]
- visuelle Wahrnehmungsverarbeitung, hauptsächlich: Raum-Lage, räumliche Beziehungen, Visuomotorik, Wahrnehmungskonstanz, visuelles Gedächtnis
- auditive Wahrnehmungsverarbeitung
- Sprachentwicklung
- Stützreaktionen
- emotionale Sicherheit und Stabilität
- Entwicklung der Lateralität[22] und Händigkeit
- Lesen und Schreiben (Zusammenkommen von visuellen und motorischen Fähigkeiten, bilateraler Integration)
- Rechnen (Zusammenkommen von räumlichem Vorstellungsvermögen, visuellen Fähigkeiten, bilateralter Integration)

---

21 Praxie: eine Handlung zweckmäßig planen, durchführen und beenden können

22 Lateralität: Unser Gehirn hat die angeborene Tendenz, bestimmte Funktionen mit je einer Hirnhälfte besser auszuführen. Bspw. übernimmt bei den meisten Menschen die linke Hirnhälfte sprachliche und logische Prozesse. Auch die Entwicklung der Händigkeit ist davon abhängig, welche Hirnseite sich dafür spezialisiert (vgl. Ayres, 2016, S. 291).

Beobachten Sie, dass Ihr*e Schüler*in **in mehreren der oben genannten Bereichen** an ihre/seine Grenzen stößt, **oder die Umwelt** stößt in den oben genannten Bereichen immer wieder an ihre Grenze, so sollten Sie sich mit der Funktion des Geleichgewichtssinns Ihres/Ihrer Schülers*in genauer auseinandersetzen.

Hierfür schauen wir uns nun wieder zwei Varianten der veränderten Verarbeitung der Gleichgewichtsinformationen an.

Wie Sie nun bereits aus den vorangehenden Kapiteln wissen, werden Reize moduliert (Siehe Teil I, Kapitel „Einführung in die Wahrnehmungsverarbeitung"). Aufgrund der sehr individuellen Modulation, reagieren wir und unsere Schüler*innen auf Reize unterschiedlich.

Im Folgenden möchte ich **zwei Extremformen der Modulation des Gleichgewichtssinnes** beschreiben. Dies erleichtert Ihnen zunächst die Einordung der Auswirkungen.

Wir unterscheiden zwischen **einem stark gebahnten** und einem **wenig gebahnten Gleichgewichtssystem (reduzierte vestibuläre Wahrnehmung)**.

3.3 Reduzierte vestibuläre Wahrnehmung

Werden vestibulären Reize wenig gebahnt, so ist die Gleichgewichtsempfindung, die Auseinandersetzung mit Gleichgewichtsreizen und die Verknüpfung mit diesen im Gehirn reduziert. Es fehlen für die Entwicklung wichtige gebahnte und verarbeitbare Gleichgewichtsreize. Damit ist die Musterbildung, das Zusammenspiel von Umwelt, Körper und Geist anders als bei den meisten Kindern.

Im folgenden Abschnitt möchte ich die Zusammenhänge anhand der Zeichnung und eines Beispiels zu verdeutlichen.

Stellen Sie sich vor, Sie liegen in einer Hängematte, gut eingebettet in den festen Stoff. Sie müssen keine Körperspannung aufbauen, um sich zu halten. Sie fühlen sich durch die Matte sicher gehalten Die sachte schaukelnde Matte ist bereits seit einigen Minuten zum Stillstand gekommen. Die Temperatur ist angenehm, Sie werden durch nichts gestört. Die Augen haben Sie bereits geschlossen.

Die angenehme Ruhe, die gleichbleibenden Reize und der sichere Halt in der Matte sorgen dafür, dass die Aktivität Ihres Netzkörpers und Ihre Körperspannung sinken. Ihr Gehirn und Ihr Körper sind weniger aktiviert und stellen sich auf Ruhe und Entspannung ein.

So geht es unseren Schüler*innen, wenn ihnen die Aktivierung über den Gleichge-

Abbildung 13: Beispiel Hängematte

wichtssinn und die Tiefensensibilität fehlt. Das ist ihre Wirklichkeit. Zu wenig Rütteln und Schaukeln begleitet sie in ihrem Alltag.

Stellen Sie sich vor, welche Überwindung es Sie kosten würde, sich in der Hängematte zu aktivieren und aufmerksam einem Unterrichtsgespräch zu folgen.

Abhilfe würde hier ein unerwartetes kräftiges Rütteln an der Matte schaffen, so würden Sie blitzschnell aktiviert, die Körperspannung stiege an. Die Bewegungen der Hängematte würden Sie schnell durch koordinierte Bewegungen ausgleichen.

In anderen Situationen hätten Sie vermutlich auch einfach das dringende Bedürfnis, sich selbst zu regulieren und würden sich viel und schnell bewegen.

Werden wenig vestibuläre Informationen gebahnt,

- ➔ so wird die Aktivität des Netzkörpers nicht angeregt. → Die Schüler*innen werden sich die Reize suchen, um sich zu aktivieren.
- ➔ so werden die Schüler*innen einen niedrigen Muskelgrundtonus haben. Für die Körpereigenwahrnehmung, für das Spüren des „Ichs", für die Wachheit ist dies wichtig. → Die Schüler*innen werden versuchen, über Bewegung (v. a. über Kopfbewegungen, Drehbewegungen, schnelle eher überschießende Bewegungen) Spannung aufzubauen.
- ➔ so ist die Zusammenarbeit über die Vestibulariskerne weniger aktiviert (seitens des Gleichgewichts). Dies hat zur Folge, dass das Zusammenspiel von Auge, Ohr, Kleinhirn, nicht ausreichend geübt ist. → Kann zu Schwierigkeiten im Bereich

der Koordination, Bewegungsplanung, Kraftdosierung, visuellen und auditiven Verarbeitung führen.

➔ so ist die bilaterale Integration häufig unzureichend entwickelt. → Diese benötigen wir für die Koordination, Bewegungs- und Handlungsplanung, sowie bei allen Tätigkeiten, die den Einsatz der Hände erfordert.

Diese*r Schüler*in ist viel in Bewegung, dreht sich gerne, bewegt sich gerne schnell, oftmals ist das Gefahrenbewusstsein geringer.

Anhand der Schülerin Frieda möchte ich Ihnen zeigen, wie sich dies im Schulalltag äußern kann und wie wir sie in ihrem Embodiment so unterstützen können, dass sie sich möglichst gerne, aktiv und ausdauernd am Unterricht beteiligt.

Fallbeispiel Frieda

Aufbau des Fallbeispiels:

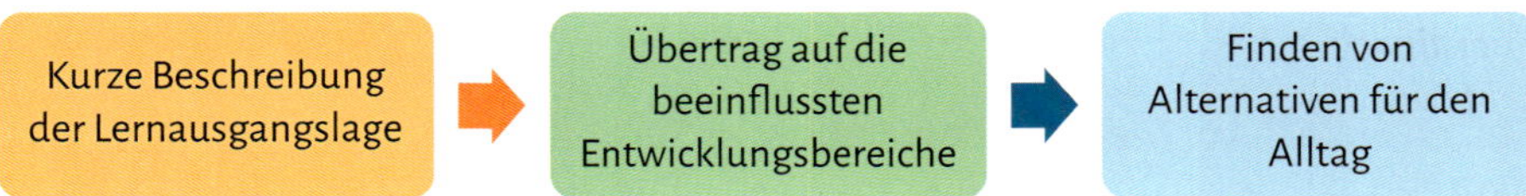

Achtung: dieses Beispiel stellt wenige Merkmale heraus. Im Alltag sollten natürlich möglichst IMMER alle Hypothesen in Betracht gezogen und überprüft werden! Da wir uns im Moment dem vestibulären System widmen, möchte ich diese nun im Auge behalten.

*Frieda ist 12 Jahre alt, hat eine geistige Behinderung und besucht die Hauptstufe eines SBBZ im Förderschwerpunkt geistige Entwicklung. Sie begegnet ihren Mitschüler*innen und Lehrer *innen oft* ***überschwänglich und nimmt sie in den Arm****. Sobald sich die Klassenzimmertür öffnet, ist sie auch schon draußen. Sie* ***läuft umher****, schaut was los ist und macht ab und zu* ***laute rufende Geräusche****.* ***Dabei geht sie oft im Zehengang mit hoher Körperspannung****.*

Laute Geräusche macht sie auch immer wieder im Klassenverband. Dann muss Frieda lachen. Das gefällt ihr.

Im Unterricht ***sackt sie förmlich auf ihrem Stuhl zusammen****. Ihr Mund ist leicht geöffnet und sie scheint* ***schnell geistig abwesend*** *zu sein. Wird sie angesprochen, reagiert sie oft* *nicht. Sie nimmt es wahr, scheint aber Mühe zu haben, ihre* ***Aufmerksamkeit*** *auf den Unterricht zu lenken. Immer wieder* ***schaukelt sie gefährlich mit ihrem Stuhl, wiegt ihren Oberkörper leicht****, oder* ***steht*** *unaufgefordert* ***auf****.*

Das Verblüffende ist: Frieda hört wirklich alles! Sie hört, wenn vor dem Klassenzimmer eine andere Person unterwegs ist. ***Sofort ist sie abgelenkt****. Sie bekommt auch Inhalte von Gesprächen von Kollegen*innen mit und weiß bestens über deren Austausch Bescheid.*

Das Arbeiten an Arbeitsblättern am Tisch ist besonders mühsam für Frieda. Bekommt sie verbal den Auftrag, ihr Mäppchen bereitzulegen und am Platz zu warten, so läuft sie zu ihrem Schulranzen, doch schon auf dem Weg dorthin verliert sie häufig ihr Ziel aus den Augen und läuft im Klassenzimmer umher.

Obwohl Frieda alle Buchstaben kennt, schafft sie den Übergang zum ***Lesen noch nicht****. Abschreiben von der Tafel ist für sie aktuell noch nicht möglich. Sie findet sich beim Wechsel zwischen Tafel und Arbeitsblatt nicht zurecht und verliert den Überblick. Deutlich ist zu sehen, dass es Frieda viel* ***Anstrengung kostet, mit dem Stift zu schreiben. Er bricht häufig ab****. Außerdem stützt sie meist mit einer Hand den Kopf und schreibt mal mit* ***rechts und mal mit links.***

Koordinative Übungen*, wie beispielsweise ein Hampelmannsprung, oder die rechte Hand geht zum linken Knie und anders herum,* ***kann sie noch nicht umsetzen.***

Frieda hat neue Schuhe. Leider kann sie diese nicht binden. Auch den ***Knoten*** *bekommt sie, trotz häufigem Üben, einfach noch nicht hin. Beim Anziehen nach dem Schwimmunterricht benötigt Frieda* ***Hilfe beim Wenden ihrer Kleidung****. Sie führt dabei den Wendevorgang mit Handführung zu Ende. Jedesmal ist es ein Zauber für sie, dass das Kleidungsstück nach dem Wendegriff „entwirrt" ist.* ***Knöpfe und kleine Reißverschlüsse kann Frieda meist selbst öffnen, jedoch nicht verschließen****.*

In manchen Unterrichtseinheiten findet der Unterricht in einem Bewegungsparcours statt. Über die gedrehte ***Langbank balanciert Frieda, indem sie einfach darübergeht. Ihr Blick ist dabei auf ihre Mitschüler*innen gerichtet. Obwohl sie ab und zu daneben tritt, scheint sie die Herausforderung nicht wahrzunehmen****. Sie krabbelt durch den Tunnel und fährt mit dem Rollbrett (kniend) zur nächsten Station. Frieda merkt sich ihren Auftrag, schafft es, sich – trotz der offenen Situation im Foyer – zu fokussieren, ihren Auftrag zu erfüllen und ist durchweg motiviert dabei.*

Vor Kurzem waren wir auf dem Spielplatz. Nachdem Frieda ***wild geschaukelt*** *hat, kletterte sie eine Leiter an einem Spielgerät zu einer sehr hohen Rutsche hinauf. Oben angekommen wollte sie auf das* ***Podest umsteigen****.* ***Sie wusste nicht wie*** *sie es schaffen sollte. Selbst mit verbaler Anleitung war es ihr nicht möglich.*

Übertrag auf die vom Gleichgewichtssinn beeinflussten Entwicklungsbereiche

Zu beobachten ist, dass Frieda häufig Gleichgewichtsreize sucht (bspw. Schaukeln auf dem Stuhl, wildes Schaukeln auf dem Spielplatz) und Gleichgewichtsreize wenig moduliert werden (bspw. beim Balancieren über die Langbank). Auch die Folgeprobleme, wie Mühe bei Koordinationsleistungen, oder nicht entwickelte Händigkeit sind vorhanden.

Daher stelle ich, mit Blick auf die vestibuläre Wahrnehmungsverarbeitung, folgende Hypothese auf:

Das Gehirn reagiert vermindert auf Gleichgewichtsreize.
(Hypoaktion des Gleichgewichtssinnes)

Ist die Gleichgewichtsverarbeitung verändert, so wird dies immer einen großen Einfluss auf den propriozeptiven Bereich haben. Wir müssen sozusagen herausfinden, welche Umweltbedingungen notwendigerweise geändert werden müssen, um Frieda Nahrung für Körper und Geist bieten zu können.

Schaffen wir **im Bereich der vestibulären Wahrnehmung gute Umweltbedingungen** für Frieda, wird sich dies auch sehr positiv auf den propriozeptiven Bereich auswirken.

Damit das Beispiel nachvollziehbar und nicht zu komplex wird, möchte ich mit Ihnen den Fokus nur auf den Gleichgewichtssinn legen!

Anhand der Listen ab Seite 107 überprüfe ich*, in welchen Bereichen der Austausch zwischen Frieda und Umwelt offensichtlich an eine Grenze stößt.*

Vom vestibulären System beeinflusste Entwicklungsbereiche	**Sie zeigt eine Veränderung in den folgenden Bereichen**	**Sich direkt ergebende Alternativen für Frieda**
Aktivierung und Vigilanz	Sehr leicht ablenkbar	➔ Frieda bekommt ein Ballkissen auf ihren Stuhl, so kann sie sich am Platz Gleichgewichtsreize holen.

Vom vestibulären System beeinflusste Entwicklungsbereiche	Sie zeigt eine Veränderung in den folgenden Bereichen	Sich direkt ergebende Alternativen für Frieda
		➔ Wenn möglich werden Bewegungsaufgaben mit in den Unterricht eingebaut. ➔ Gleichgewichtsangebote (Kreisel, Wippe) sind im Klassenzimmer erreichbar und können von Frieda nach Absprache genutzt werden. ➔ Gleichgewichtsangebote werden als Methode mit in den Unterricht integriert.[23]
Angepasster Muskeltonus während Aktivität und Ruhe	In Ruhe ist ihr Muskeltonus sehr niedrig. In Aktivität hoch.	➔ Bei Aktivitäten im Sitzen, wird Frieda von dem Ballkissen und den Bewegungsanlässen profitieren. Dies baut Muskelspannung auf und hilft Frieda, sich zu spüren und ihre Aufmerksamkeit halten zu können.
Grob- und feinmotorische Koordination Bewegungsplanung und Praxie[24]	Hampelmannsprung gelingt ihr nicht. Knöpfe und kleine Reißverschlüsse kann sie nicht schließen. Die Bewegungen erscheinen ungelenk und mühsam.	➔ Gemeinsam mit der Klasse werden Bewegungslieder umgesetzt. Übungen zur Kreuzung der Körpermitte[25] werden eingebaut. ➔ Einfache Rhythmen oder Bodypercussion werden zur Begrüßung, zum Abschied, im Musikunterricht geübt.

23 Siehe Teil III Methoden und Beispiele ab Seite 145
24 Praxie: eine Handlung zweckmäßig planen, durchführen und beenden zu können
25 Übungen zur Mittellinienkreuzung: Siehe Teil III Methoden und Beispiele ab Seite 160

Vom vestibulären System beeinflusste Entwicklungsbereiche	**Sie zeigt eine Veränderung in den folgenden Bereichen**	**Sich direkt ergebende Alternativen für Frieda**
	Das Schreiben kostet sie große Anstrengung. Der Stift bricht häufig ab. Frieda schaffte es nicht, auf die Rutsche umzusteigen. Kleidung wendet sie mit Hilfe.	➔ Im Bewegungsparcours werden koordinativ anspruchsvolle Stationen eingebaut. Es muss etwas überklettert werden, die Schüler*innen müssen unter etwas durch, man zieht sich an einem Seil entlang, ... ➔ Über taktile Impulse kann Frieda ihren Körper leichter ansteuern.
Visuelle Wahrnehmungsverarbeitung, hauptsächlich: Raum-Lage, räumliche Beziehungen, Visuomotorik, Wahrnehmungskonstanz, visuelles Gedächtnis	Kopf wird durch Abstützen stabil gehalten. Abschreiben fällt ihr schwer. Deutlich am Schriftbild zu sehen.	➔ Bevor Frieda zu lesen und schreiben beginnt, wird sie eine günstige Position einnehmen. Sie wird erproben, ob ihr das Ballkissen liegt. ➔ Zur besseren Orientierung beim Abschreiben wird Frieda von einem Blatt mit wenigen Zeilen abschreiben. Außerdem werden als Orientierungshilfe Sätze getrennt und unterschiedlich eingefärbt. ➔ Für die Leseübungen kann Frieda auch die Bauchlage testen. Über die starke Rückmeldung der Nackenmuskulatur kann Frieda unter Umständen ihre Augenbewegungen gezielter ausführen und hat es so zunächst einfacher.
Auditive Wahrnehmungsverarbeitung	Dies muss genauer überprüft werden. Frieda hat Mühe verbale Anweisungen umzusetzen.	➔ Über HNO und Fachkraft abklären.
Sprachentwicklung	Unauffällig	

Vom vestibulären System beeinflusste Entwicklungsbereiche	**Sie zeigt eine Veränderung in den folgenden Bereichen**	**Sich direkt ergebende Alternativen für Frieda**
Stützreaktionen	Allgemein: diese ist häufig vermindert.	
Emotionale Sicherheit und Stabilität	Keine konkrete Aussage.	
Entwicklung der Lateralität und Händigkeit Lesen und Schreiben (Kombination von visuellen und motorischen Fähigkeiten, bilateraler Integration)	Keine eindeutige Lateralität erkennbar. Schreibt mal mit rechts, mal mit links. Deutlich erschwert. Synthese noch nicht möglich.	➔ Frieda wird zur Abklärung der Händigkeit zu einer/m Ergotherapeuten/in überwiesen. ➔ Die Zusammenarbeit von rechter und linker Hirnhälfte wird unterstützt. Hierfür wird darauf geachtet, dass Frieda beidhändig arbeitet. Es gibt eine Reihe von Aktivitäten, die dies automatisch einfordern.[26] ➔ Vor Arbeitsbeginn Übungen zur Mittelinienkreuzung durchführen.
Rechnen (Zusammenkommen von räumlichem Vorstellungsvermögen, visuellen Fähigkeiten, bilateralter Integration)	Abzählendes Rechnen im Zahlenraum bis 10 ist möglich. Die Mengenerfassung auf einen Blick bis zur Anzahl Zwei ist sicher möglich.	In diesem Bereich wird Frieda durch die Angebote im vestibulären Bereich und durch die Stärkung der Zusammenarbeit von rechter und linker Hirnhälfte profitieren.

Zur Propriozeption: fast alle oben beschriebenen Angebote unterstützen die Muskeltonusregulation und damit auch die tiefensensible Rückmeldung. Es sind nur wenige zusätzliche Überlegungen notwendig. Diese betreffen den fein- und grafomotorischen Bereich.

---

26 Beidhändiges Arbeiten: Beispiele dazu ab Seite 160

Unterstützung der feinmotorischen Fertigkeiten

- ➔ Friedas Eltern und Frieda werden darauf achten, dass ihre Kleidung möglichst große Verschlüsse hat.

- ➔ Im Unterricht werden wir vermehrt Materialien in Beutel mit unterschiedlichen Verschlüssen ablegen.

- ➔ Frieda bekommt beim Anziehen, auch vor der Pause, ausreichend Zeit, damit sie sich möglichst selbständig anziehen kann.

Unterstützung der Grafomotorik

- ➔ Frieda soll mit dicken Stiften schreiben. Außerdem bekommt sie eine Kugel-Griffverdickung (Abb. 14). Diese kann sowohl in die rechte als auch in die linke Hand genommen werden. Zudem formt dieses Hilfsmittel den Handteller schön aus und gibt Halt. Sie kann kaum falsch gehandhabt werden und lässt sich leicht auf alle Stifte ziehen.

Auch Stiftebeschwerer (Abb. 15) helfen Frieda dabei, die Schreibbewegungen besser wahrzunehmen und somit auch besser anzusteuern.

Es gibt eine Vielzahl verschiedener Schreibhilfen mit unterschiedlichen Funktionen.

Je nach Problem wählen Sie aus. Wichtig ist: sie sollten für die Schüler*innen unkompliziert zu handhaben sein.

Ein/e Ergotherapeut*in kann Ihnen bei dieser Frage weiterhelfen.

Abbildung 14: Schreibhilfe Kugelgriffverdickung

Abbildung. 15: Schreibhilfe und Stiftebeschwerung

Grundsätze der Unterstützung im Schulalltag für Schüler*innen mit wenig vestibulärer Rückmeldung

Vermuten Sie eine Hypoaktion des vestibulären Systems bei einem/r Ihrer Schüler*innen so können Sie ihm/ihr Folgendes anbieten:

- ✓ Die Schüler*innen sollen möglichst **eigenaktiv** (aus eigener Kraft) **Bewegungserfahrungen** sammeln
- ✓ Bewegungsaktivitäten mit häufigem Richtungswechsel einbauen
- ✓ Ist der/die Schüler*in aufgebracht, schwer zu erreichen, so kann er/sie über Wiegen, oder Schwingen gut beruhigt werden. Die Gleichgewichtsreize wirken schnell und zuverlässig!
- ✓ Geben Sie diesen Schüler*innen die Möglichkeit, in Bauchlage (Ellbogenstütz) zu lesen, bauen, spielen ... Die sichere Basis und die klare Rückmeldung aus dem Nackenbereich erleichtern die koordinierte Augenbewegung
- ✓ Fordern Sie immer wieder gezielt Balanceaufgaben ein
- ✓ Achten Sie darauf, dass diese Schüler*innen beide Körperseiten einsetzen (Seilspringen, großen und schweren Ball fangen und werfen, Tätigkeiten, die eine eindeutige Haltehand einfordern – sägen, schneiden ...)

Erfahrungsgemäß suchen diese Schüler*innen oftmals die Grenzen und loten sie immer wieder neu aus. Gleichbleibende Strukturen helfen den Schüler*innen dabei, sich zurechtzufinden.

Zum Kopieren, als Hilfestellung und Anleitung für Sie und für Personen, die mit Ihren Schüler*innen arbeiten.

Konkrete Ideen für den Unterricht finden Sie in Teil III des Buches.

3.4 Hyperaktion des vestibulären Systems

Hyperaktion bedeutet, dass Gleichgewichtsreize nicht genügend gehemmt werden. Es kann sich eine Überempfindlichkeit einstellen bezogen auf:

1. Schwerkraftinformationen → Schwerkraftunsicherheit (Betrifft die Reize der Makulaorgane)

2. Bewegungen → Bewegungsunsicherheit (Betrifft die Reize der Bogengänge) (vgl. Ayres, 2016, S. 111)

Hat zur Folge: Angst vor Höhe, Beschleunigung, Unsicherheit auf der Treppe, Schaukelt nicht gerne, bewegt sich unsicher, ...
Achtung: Gleichgewichtsreize lösen vegetative Reaktionen aus (Schwindel, Einfluss auf Kreislauf und Atmung!)

Anhand des Fallbeispiels „Ali" möchte ich Ihnen dies darstellen und auch direkt mit der Checkliste verbinden und Alternativen aufzeigen.

Fallbeispiel Ali

Aufbau des Fallbeispiels:

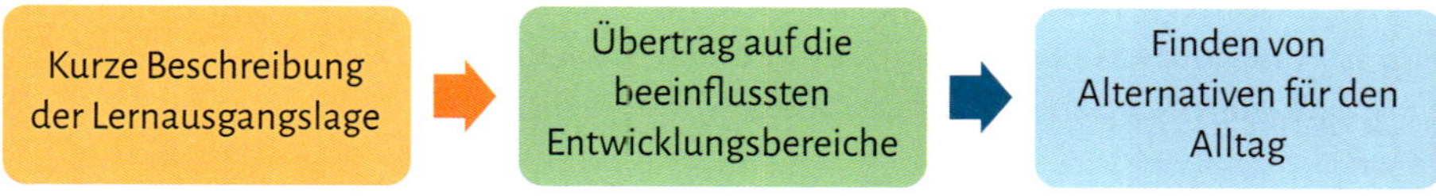

Achtung: dieses Beispiel stellt wenige Merkmale heraus. Im Alltag sollten natürlich möglichst IMMER alle Hypothesen in Betracht gezogen und überprüft werden! Da wir uns im Moment dem vestibulären System widmen, möchte ich auch die Hypothesen auf dieses beschränken.

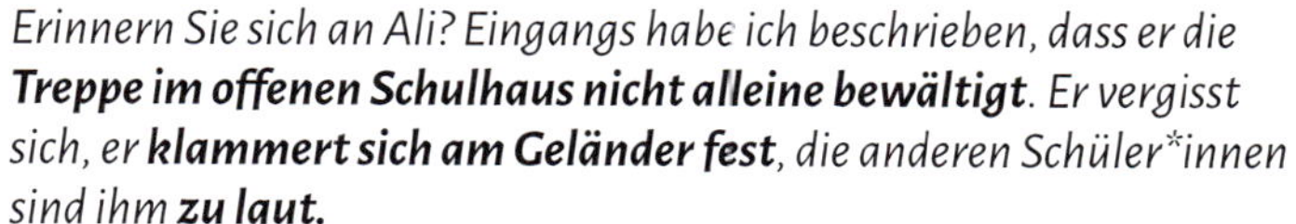

Erinnern Sie sich an Ali? Eingangs habe ich beschrieben, dass er die ***Treppe im offenen Schulhaus nicht alleine bewältigt****. Er vergisst sich, er* ***klammert sich am Geländer fest****, die anderen Schüler*innen sind ihm* ***zu laut.***

Ali ist neun Jahre alt und hat eine geistige Behinderung. Er ist mit ihm vertrauten Menschen zusammen ***lebendig und lustig****. Im Klassenverband scheint er sich wohlzufühlen und hat* *häufig witzige Ideen, die er gerne erzählt. Er* ***hält sich an die Regeln*** *und die Lehrkraft ist froh „so einen vernünftigen und aufgeweckten Jungen" in der Klasse zu haben.*

Schriftliche Arbeiten am Tisch erledigt Ali sehr gerne. ***Mühelos greift und führt er den Stift*** *und beginnt zu arbeiten. Während seine Mitschüler*innen oft noch reden, nach Stiften suchen, versucht Ali sich zu konzentrieren. Er fühlt sich schnell gestört von der Lautstärke der anderen.* ***Ali ist abgelenkt*** *und sagt zu den anderen, sie sollen jetzt leise sein. Je häufiger dies vorkommt, desto ungeduldiger und gereizter ist Ali.* ***Oft ist er den Tränen nahe****. Die anderen sollen endlich leise sein! Er möchte gerne arbeiten. Er darf auch vor der Tür an einem Tisch alleine arbeiten, doch das möchte er nicht. Das ist für die Lehrkraft anstrengend. Hat sie andere Optionen?*

Ali ist auch im Bereich der Selbstversorgung sehr selbständig. Er kann sich ***selbst Schuhe, Jacke und beim Schwimmen die Kleidung an- und ausziehen. Verschlüsse stellen für ihn meist kein Hindernis*** *dar. Auch erkennt er seine Sachen wieder.*

Ali sucht immer die ***Nähe der Lehrkraft****. Selten geht er bei Lerngängen mit einem/r Mitschüler*in. Der Lehrkraft ist es manchmal zu viel. Sie wünscht sich für Ali, dass er sich von ihr lösen kann. Auch in der Pause setzt er sich lieber* ***auf eine Bank an der Wand*** *des Schulgebäudes und unterhält sich mit den Erwachsenen.*

Neulich sollte Ali ein paar Formulare ins Sekretariat bringen. Er kennt den Weg. Das Sekretariat und das Klassenzimmer liegen auf demselben Stockwerk, nur einen Gang voneinander entfernt. Hier hat ***er sich geweigert alleine zu gehen****. Gemeinsam mit einem Freund konnte er letztlich den Botengang erledigen.*

Zur Osterzeit war Ali mutig und ist vorsichtig und freudig ***über die Wiese gegangen, um hinter Büschen nach seinem Nestchen zu suchen.*** *Dabei ist er hingefallen und hat sich leider* ***nicht rechtzeitig aufgefangen****. Er hat sich das Kinn und die Lippe aufgeschlagen.*

Die Lehrkraft berichtete den Eltern von ihrem Eindruck von Ali. Dass er immer in ihrer Nähe sei, dass er sich gerne am Unterricht beteilige, dass er jedoch gerne etwas mutiger werden dürfe. Die Eltern erkennen ihren Sohn in den Schilderungen recht gut wieder. Sie wissen, sie können sich auf ihn verlassen. Er ***würde nie weglaufen****, er* ***erkennt Gefahren****. In der Stadt hat Ali Respekt vor den großen Autos. Er würde nie alleine über die Straße gehen. Doch auch in seiner ruhigen Wohnumgebung* ***geht Ali nicht alleine zum nahegelegenen Bäcker****. Das wäre ein toller Lernanlass für Ali. Wie können wir das schaffen?*

Ali kann sich doch ***gut orientieren****, er kennt den Weg zum Sekretariat. Auch kann Ali sicher über die Treppe gehen, warum geht er sie nicht runter? Er könnte so gut in Ruhe vor dem Klassenzimmer arbeiten. Warum macht er dies nicht?*

Um dies herauszufinden werden wir die Checkliste des vestibulären Systems anschauen und erste Handlungsschritte erarbeiten.

Übertrag auf die vom Gleichgewichtssinn beeinflussten Entwicklungsbereiche

Aufgrund der Beschreibung gehe ich davon aus, *dass die von Ali aufgenommenen* ***Gleichgewichtsreize sehr stark gebahnt werden.***

Jetzt nehme ich die Liste von Seite 107 und gleiche sie mit den gemachten Beobachtungen von Ali genau ab. Auf dieser Grundlage finden wir im Team Alternativen für unseren gemeinsamen Alltag.

Beim Entwickeln von Alternativen können Sie das Modell der wechselseitigen Einflussnahme der Sinne zur Hilfe nehmen.

Hinweise zum Gleichgewichtssinn finden Sie ab Seite 105.

Vom vestibulären System beeinflusste Entwicklungsbereiche	**Sie zeigt eine Veränderung in den folgenden Bereichen**	**Sich direkt ergebende Alternativen für Ali**
Aktivierung und Vigilanz	Er ist durch akustische Reize leicht abgelenkt.	➔ Ali braucht einen ruhigen Arbeitsplatz. Kopfhörer könnten ihm helfen. So wäre er im Klassenverband und er hätte weniger störende Geräusche um sich. ➔ Außerdem sollte Ali eine Wand hinter sich haben. Besser noch wäre eine Nische aus zwei Wänden.
Angepasster Muskeltonus während Aktivität und Ruhe	Es wurde keine Aussage dazu gemacht.	Über Eigenaktivität und Tastinformationen kann der Muskeltonus reguliert werden. Siehe auch nächste Zeile.
Grob- und feinmotorische Koodination Bewegungsplanung und Praxie[27]	Die Grobmotorik ist sehr vorsichtig und unsicher – z. B. beim Treppensteigen.	➔ Ali kann nur durch Anregung, Übung und Wiederholung des Gleichgewichtssinnes in vielfältigen Situationen lernen, sich auf sein Gleichgewicht verlassen zu können. Nach und nach wird sich

27 Praxie: eine Handlung zweckmäßig planen, durchführen und beenden können

Vom vestibulären System beeinflusste Entwicklungsbereiche	**Sie zeigt eine Veränderung in den folgenden Bereichen**	**Sich direkt ergebende Alternativen für Ali**
	Die Feinmotorik ist eine Stärke von Ali. Anziehen, Umziehen stellen kein Problem dar. Weitere Aussagen wurden nicht gemacht. Ali bewegt sich im Sport sehr vorsichtig. Bewegungsübergänge stellen daher eine Hürde dar, wobei die Planung gut möglich ist.	seine Koordination, seine Gleichgewichtsreaktion den Herausforderungen anpassen und die Bewegungen flüssiger und sicherer werden. Sie wird nicht mehr so viel Aufmerksamkeit von Ali abverlangen. ➔ Wir werden also darauf achten, dass Ali sich in den Pausen auf unebendem Gelände bewegt, sich langsam an die Schaukel und das Trampolin herantastet. ➔ Im Unterricht werden wir verschiedene Stationen, die den Gleichgewichtssinn herausfordern, anbieten. Dabei soll Ali diese in Ruhe und mit Zeit, wenn er möchte auch begleitet ausprobieren. Ali wird dazu ermutigt. Er muss die Stationen jedoch nicht austesten. Als Motivation können Leseaufgaben dienen. Zur Wiederholung von Inhalten wird immer wieder ein Bewegungsparcours genutzt. Aufgaben, die die Koordination fordern werden bevorzugt eingebaut.
Visuelle Wahrnehmungsverarbeitung, hauptsächlich: Raum-Lage, räumliche Beziehungen, Visuomotorik, Wahrnehmungskonstanz, visuelles Gedächtnis	Hierzu wurde keine Aussage gemacht.	Diese Bereiche bilden u. a. eine Voraussetzung für die Lese- und Schreibfertigkeiten. In diesen Bereichen hat Ali Stärken. Somit können wir davon ausgehen, dass Ali keine weitere Hilfestellung im Bereich der visuellen Wahrnehmung benötigt.

Vom vestibulären System beeinflusste Entwicklungsbereiche	**Sie zeigt eine Veränderung in den folgenden Bereichen**	**Sich direkt ergebende Alternativen für Ali**
Auditive Wahrnehmungsverarbeitung	Das Filtern von Nebengeräuschen ist erschwert. Ali hört sehr gut und kann Töne, Laute gut unterscheiden und wiedergeben.	Siehe Alternativen unter: Aktivierung und Vigilanz
Sprachentwicklung	Die Verbalsprache ist seine Stärke.	Sprechanlässe und verbale Begleitung geben Ali Sicherheit und können motivierend eingesetzt werden.
Stützreaktionen	Fällt auf das Gesicht – für eine eindeutige Aussage überprüfen!	➔ Dies können wir im schulischen Rahmen beobachten. Wie fängt sich Ali ab, wenn er stolpert? Wenn er geschubst wird? ➔ Eine genaue Überprüfung kann durch eine Fachkraft geschehen. Bei eine/r Ergotherapeut/in wäre Ali mit seinen Eltern an der richtigen Adresse.
Emotionale Sicherheit und Stabilität	Weint bei Überforderung, traut sich weniger zu als er kann!	➔ Durch die Auseinandersetzung mit verschiedenen Gleichgewichtsreizen, wird Ali lernen, körperlich besser in Balance zu kommen. Auch seine Gleichgewichts- und Stützreaktionen werden dadurch verbessert. Mit dieser Erfahrung geht der Gewinn an innerer Sicherheit nach und nach einher. ➔ Bei Überforderung ist es wichtig, Ali ernstzunehmen und ihm, wenn er zur Ruhe gekommen ist, Alternativen anzubieten. Gelingt dies nicht, so werden wir:

Vom vestibulären System beeinflusste Entwicklungsbereiche	**Sie zeigt eine Veränderung in den folgenden Bereichen**	**Sich direkt ergebende Alternativen für Ali**
		➔ Ali aus der Situation nehmen ➔ Sicheren Halt geben: fester Sitz, Füße auf dem Boden, oder Sitz auf dem Boden, eine Wand im Rücken, die Bezugsperson auf Augenhöhe, eine feste/klare Berührung auf den Knien/den Schultern. Mit einer ruhigen Stimme und wenig Worten Ali zusprechen, dass er sich beruhigen kann. ➔ Erst jetzt eine Alternative anbieten – Alternativen s. o. ➔ Wichtig ist, dass Alis Verunsicherungen ernstgenommen werden. Begleitung und in kleinsten Schritten die Unterstützung in selbstverantwortliches Handeln wandeln. ➔ Ali seinen Lernzuwachs bewusst machen und ihn für die kleinen Schritte, die er mutiger geht, loben.
Entwicklung der Lateralität und Händigkeit	Hat eine klar entwickelte Händigkeit.	
Lesen und Schreiben (Zusammenkommen von visuellen und motorischen Fähigkeiten, bilateraler Integration) **Rechnen** (Zusammenkommen von räumlichen Vorstellungsvermögen, visuellen Fähigkeiten, bilateralter Integration)	In den Bereichen Lesen und Schreiben, sowie dem Rechnen hat Ali seine Stärke und zeigt eine große Motivation beim Lernen.	➔ Auf diese Fertigkeiten kann sich Ali verlassen. Diese können als Motivator in den Lernbereichen eingesetzt werden.

Wie wir jetzt sehen können hat **Ali Stärken in den Bereichen**: Orientierung, Sprache, Feinmotorik, Lese- und Schreibfertigkeiten, Rechnen. Dies ist bei einer Hyperaktion des Gleichgewichtssinnes natürlich nicht immer so gegeben. Dennoch konnte ich genau dies schon häufig beobachten.

Grundsätze der Unterstützung im Schulalltag für Schüler*innen mit zu viel vestibulärer Rückmeldung:

Vermuten Sie eine Hyperaktion des vestibulären Systems bei einem/r Ihrer Schüler*innen so können Sie ihm/ihr Folgendes anbieten:

Respektieren Sie das Bedürfnis nach Sicherheit und bieten Sie diese! Gehen Sie neue Herausforderungen im motorischen Bereich Schritt für Schritt an – bieten Sie im übertragenen Sinne „einen sicheren Boden für einen sicheren Stand".

- ✓ Ermöglichen Sie diesen Schüler*innen immer wieder die Auseinandersetzung mit dem Gleichgewicht. Z. B. Gehen über Bohnensäckchen, über eine Langbank krabbeln, Treppen steigen, schaukeln, ...
- ✓ Durch das Anbieten eines propriozeptiven Reizes werden die Gleichgewichtsreize besser moduliert.
- ✓ Gleichbleibende Strukturen helfen den Schüler*innen dabei, sich zurechtzufinden und bieten Sicherheit.

Zum Kopieren, als Hilfestellung und Anleitung für Sie und von Personen, die mit Ihren Schüler*innen arbeiten.

Konkrete Ideen für den Unterricht finden Sie in Teil III des Buches.

3.5 Diagnostik – Beobachtungen im Schulalltag

Im Folgenden werden Situationen aufgeführt, in denen die vestibuläre Wahrnehmung eine wichtige Rolle spielt. Zudem finden Sie Alltagshandlungen, in denen die Handlungs- und Bewegungsplanung sowie die Lateralität deutlich sichtbar werden. Es ist mir ein großes Anliegen darauf hinzuweisen, dass die gemachten Beobachtungen im Gesamten gesehen werden sollen. Wir versuchen, ein Gefühl für das Embodiment unserer Schüler*in zu bekommen, um ihr/sein Verhalten zu verstehen. So können wir Barrieren im Schulalltag erkennen und durch das Ändern des Lernortes, der Methode und des Materials, in förderliche Faktoren wandeln.

Vorgehensweise

In der Tabelle finden Sie die Beobachtungssituation und mögliche Beobachtungen, an denen Sie sich orientieren können.

Hier können Sie Zutreffendes unterstreichen. Die Spalte rechts dient der stichwortartigen Dokumentation zusätzlicher Beobachtungen in Stichpunkten. Außerdem können Sie festhalten,

1. **ob der/die Schüler*in vestibuläre Reize meidet – Überempfindlichkeit**
2. ob die beobachteten Handlungen und Bewegungen **unauffällig** sind und die vestibuläre **Wahrnehmungsverarbeitung als Ressource** genutzt werden kann
3. ob der/die Schüler*in vestibuläre **Reize sucht (diese gerne ha**t), also diese **wenig gebahnt** sind – **Unterempfindlichkeit**

Eine Sonderform ist die **Schwerkraftunsicherheit**. Diese kann sowohl bei einer Über- als auch bei einer Unterempfindlichkeit bestehen. Diesen Schüler*innen sind Überkopf-Übungen (Purzelbaum, aus dem Sitz nach vorne unten beugen, ...) sehr unangenehm und sie brauchen eine haltgebende Begleitung im Schulalltag, um sich sicher fühlen zu können.

Teilweise ist dies schwer erkennbar, denn obwohl sich diese Schüler*innen starke vestibuläre Reize suchen und sich daher viel und schnell bewegen und eher „wild" wirken, sind sie schnell verunsichert. So bringen beispielsweise veränderte Abläufe diese Schüler*innen bereits aus dem inneren Gleichgewicht.

Klare Regeln, Strukturen und ein liebevoller, empathischer Umgang ist für sie eine Stütze im Alltag.

Beobachtungsbogen – vestibuläre Wahrnehmungsverarbeitung im Alltag

Schüler*in:	
Datum:	
Beobachtet und dokumentiert von:	

Gleichgewichtsreize werden wenig gebahnt	Gleichgewichtsreize werden stark gebahnt	Beobachtungen / Notizen
Motorik und Mobilität		
Allgemeine Beobachtungen: Ändert häufig und gerne seine Körperposition, ist viel in Bewegung, dreht sich, springt, die Bewegungen werden schnell und wenig zielgenau ausgeführt.	**Allgemeine Beobachtungen:** *Ändert seine Körperposition wenig. Holt sich über Verschränken der Beine, Umklammern der Stuhlbeine tiefensensible Rückmeldung. Bewegt sich eher wenig und bleibt gerne in einer Ecke oder an einer Wand.*	
Transportieren von Gegenständen: Nimmt Gegenstände (auch mit flüssigem Inhalt) schwungvoll, wenig koordiniert und eher ruckartig auf. Legt/setzt Gegenstände schwungvoll, mit wenig Sichtkontrolle ab.	**Transportieren von Gegenständen:** *Nimmt Gegenstände sehr vorsichtig und achtsam auf, transportiert diese langsam und behutsam setzt er sie wieder ab.*	
Gehen und sich fortbewegen: Geht Treppen in schnellem Tempo. Man hat fast den Eindruck, dass die Schritte schneller sind, als sie koordiniert werden können. Auch rückwärts gehen und über unebenes Gelände gehen, bereiten Freude. Stolpert, da die Schritte wenig gezielt und schnell erfolgen. Auch beim Balancieren.	**Gehen und sich fortbewegen:** *Geht eher langsam und gerne an der Seite (im Kindesalter an der Hand) von jemandem. Treppen werden lange im Nachstellschritt überwunden. Kleine Stufen werden vorsichtig und tastend überwunden.*	
Andere Bewegungskompetenzen und Sport: Besteht die Möglichkeit, so rollt der/die Schüler*in gerne einen Berg/Matten hinunter. Fährt mit Fahrzeugen immer eine Nummer zu schnell, nimmt die Kurve gerade noch und mag es, beängstigend nahe an Dingen/Personen vorbei zu fahren. Fährt sehr gerne und wild mit dem Rollbrett, schaukelt gerne sehr hoch und wild, klettert die Sprossenwand weit hoch und springt von oben auf eine Weichbodenmatte. Beim Aufkommen plumpst er/sie auf diese und rollt sich eventuell noch weiter. Rennt beim Balancieren über die umgedrehte Langbank, tritt daneben. Bewegungsübergänge wirken ungelenk aber dennoch hastig. Die Gefahreneinschätzung ist nicht ausgeprägt.	**Andere Bewegungskompetenzen und Sport:** *Am liebsten beteiligt er/sie sich zuschauend, oder bei bekannten Spielen. Bei allen Aktivitäten bewegt er/sie sich vorsichtig und zurückhaltend. Höhen, Schaukel- und Drehbewegungen werden gemieden sobald viele Schüler*innen dabei sind. Alleine probiert er/sie sich gerne an der Schaukel/Klettergerüst. Dabei ist ihm/ihr wichtig, dass er/sie die Kontrolle übernehmen kann und eventuell gesichert wird.* *Ein ausgeprägtes Gefahrenbewusstsein ist vorhanden.*	

Lateralität: Wechselt im Alltag seine/ihre ausführende und seine Haltehand. Greift nicht über die Körpermitte und kann Überkreuzübungen nicht nachahmen.	**Lateralität:** *Kreuzt die Mittellinie und zeigt i. d. R. eine klare Handdominanz und kreuzt die Körpermitte. Reicht man beispielsweise etwas der dominanten Rechten von links an, so wird dies dennoch mit rechts gegriffen.*	
Selbstversorgung und häusliches Leben		
Sich kleiden: Verdrehte Kleidung zu wenden ist sehr schwer. Knoten und Schleifen binden bereitet große Mühe.	**Sich kleiden:** *Wendet seine Kleidung, bindet Knoten, kann beim Weben den Faden wechselnd nach oben und unten führen, …*	
Hausarbeiten: Beim Umsetzen von komplexeren Aufgaben, wie beispielsweise Kochen nach einfachen Rezepten (Pizzateig belegen und backen) ensteht häufig ein Durcheinander. Die Handlungsschritte können nur schwer erkannt und umgesetzt werden. Insgesamt werden Hausarbeiten, wie das Staubsaugen gerne übernommen.	**Hausarbeiten:** *Hat Freude an komplexeren Augaben. Plant gerne und leitet andere gerne an.*	
Interpersonelle Interaktion und Beziehungen		
Testet Grenzen immer wieder aus. Ist dabei eher ausgelassen und fröhlich. Reagiert auf Kritik und Uneinigkeiten eher mit wenig Verständnis und abwehrend.	*Hält sich an Regeln und Grenzen. Es ist ihr/ihm wichtig, dass sich auch andere daran halten.* *Kann Kritik eher annehmen, Alternativen entwickeln und ins Gespräch gehen.*	
Lernen und Wissensanwendungen		
Allgemeines Lernen: Lernt gerne in Bewegung, braucht klare Strukturen (bspw. TEACCH), um sich nicht in den Aufgaben zu „verlieren". **Lesen:** Das Lesen bereitet große Mühe. Immer wieder verrutscht er/sie in der Zeile, verwechselt Buchstaben, rät die Worte. Damit ist das sinnentnehmende Lesen, vor allem beim lauten Lesen, sehr erschwert. **Schreiben:** Beim Schreiben kommt es häufig zu verdrehten Buchstaben, Ziffern, Zeichen. Das Abschreiben von der Tafel ist mühsam und langsam. **Rechnen:** Im Vergleich zu anderen Fähigkeiten fällt auf, dass das Vorstellungsvermögen von Reihen, Mengen und Größen schwer möglich ist. Eine Rechenhilfe ist eine wichtige Stütze und wird gerne genutzt.	*Aufgaben am Tisch werden gerne ausgeführt. Ausmalen, Perlen fädeln/stecken, etwas basteln – das macht er/sie gerne. Kann sich an Vorgaben entsprechend seinen kognitiven Fähigkeiten gut orientieren und diese umsetzen. Auch beim Lesen, Schreiben, Rechnen sind im Vergleich zu den anderen Fähigkeiten keine besonderen Auffälligkeiten zu erkennen.*	

Ableitung von Hypothesen (benennen vermuteter Barrieren):
Überprüfung der Hypothesen durch das Schaffen von förderlichen Umweltfaktoren. Benennung konkreter Umsetzungsmöglichkeiten im Schulalltag und Dokumentation:

3.6 Das Wichtigste zum Gleichgewichtssinn in Kürze

- Der Gleichgewichtssinn gehört mit dem Tastsinn und der Propriozeption zu den ersten aktiven Sinnen des Menschen. Mit ihnen bildet er ein wichtiges Bezugssystem für die gesamte Entwicklung.

- Gleichgewichtsreize werden zum einen von den Maculaorganen (erfassen die vertikale und horizontale Beschleunigung) aufgenommen, zum anderen durch die Bogengänge (erfassen die Drehgeschwindigkeit).

- Er ist über die Vestibularkerne im Stammhirn mit der Tiefensensibilität, dem Sehen, dem Hören, dem Kleinhirn direkt verbunden. Die Sinne, vor allem die Tiefensensibilität, der Tastsinn, der Seh- und Hörsinn sowie die Motorik arbeiten Hand in Hand mit dem Gleichgewichtssinn. Damit beeinflusst dieser in hohem Maße

    - die Koordination
    - die Lateralitätsentwicklung und schulischen Leistungen
    - die emotionale Stabilität

Nun kennen Sie die drei Basissinne. Diese bilden das Bezugssystem für die Einordnung anderer Reize, ob bei kognitiven Aufgaben im schulischen Bereich oder bei Alltagshandlungen, wie beispielsweise dem Tischdecken. Dieses Wissen können wir geschickt im Schulalltag nutzen, indem wir eine wirkungsvolle Umgebung gestalten und in der Wahl der Methoden auf die Bedürfnisse unserer Schüler*innen eingehen.

Teil III: Methoden und Beispiele

*Liebe/r Leser*in,*

in diesem Buchteil werde ich dich duzen. Sobald wir gemeinsam ins Tun kommen, sind wir uns nah, haben Spaß zusammen, probieren mutig Neues aus und spielen mit unseren Ideen. Ein „Sie" steht uns hier im Wege. Ich bin Marieke, herzlich willkommen in der Praxis.

Das Wissen um die Bedeutung des Embodiments und die Wirkweise der einzelnen Basissinne können wir nun für unsere Schüler*innen auf vielfältige Weise einbeziehen.

Beim Lesen der vorangehenden Kapitel konntest du das Verhalten deiner Schüler*innen eventuell wiedererkennen und ihre Bedürfnisse einordnen.

Greife nun diese Bedürfnisse auf und gib ihnen Nahrung.

Deine Schüler*innen werden sich, egal in welchem Alter sie sind, so gerne darauf einlassen.

Bekommen wir Erwachsene den entsprechenden Raum dafür, über unseren Körper in den Kontakt mit der Welt zu treten, also uns zu bewegen, das Gleichgewicht herauszufordern, zu tasten, uns zu spüren, so nehmen wir diese Gelegenheit im Allgemeinen freudig an. Wir werden aus diesen Bewegungsmomenten belebter und mit besserer Stimmung hervorgehen. Unser Kreislauf ist angeregt und wir werden uns wieder besser konzentrieren können.

Doch auch wenn uns diese Gelegenheiten nicht geboten werden haben wir Erwachsene die Fähigkeit, unsere Bedürfnisse hintenanzustellen und unser Verhalten zu kontrollieren und unsere Konzentration weitestgehend zu halten. Immer wieder suchen wir uns die Reize, die wir brauchen. Hier kann ich dich nur ermuntern:

Bleibe im Kontakt mit deinem Körper! Auch wenn du dich über eine lange Zeit hinweg geistig betätigst, ist es wichtig, dich immer wieder zu bewegen und deinen Körper zu spüren. Gib deinem Körper das Maß an Bewegung, Dehnung, Kraft, Spüren, Nähe, Distanz oder Ruhe, die du brauchst, um dich wohlzufühlen, um dich aktivieren oder zur Ruhe bringen zu können.

Die Wirkung ist erstaunlich. Sie bringt auch uns Erwachsene im umtriebigen Schulalltag in unsere Mitte, ins Gleichgewicht, verleiht uns in jeder Hinsicht Stabilität, Wohlbefinden und Gelassenheit.

Im Weiteren findest du zunächst Umsetzungsbeispiele, die den Tastsinn ansprechen. Darauf folgen Beispiele für Positionen und Bewegung im Unterricht, sowie Überkreuzübungen zur Stärkung der bilateralen Integration.

1. Tastsinn im Unterricht – Anregungen und Beispiele

Der Tastsinn hat großen Einfluss auf unser Körperbewusstsein, unser Verhalten und auf die feinmotorischen Leistungen.

Hattet ihr ein aufregendes Erlebnis und du möchtest deine Schüler*innen wieder zur Ruhe bringen, ist dein Ziel, sie in ihrem Körperbewusstsein zu stärken, oder möchtest du fokussierende Momente in deinen Unterricht einbauen, so findest du hier einige Beispiele. Selbstverständlich lassen sich diese auch untereinander mischen und mit neuen kreativen Ideen ausschmücken und variieren. Viel Freude damit!

Ein den Tastsinn ansprechendes Klassenzimmer enthält:

- Säckchen
- Pappdeckel
- Fühlkiste – gefüllt mit Eicheln, Linsen, ... oder einfach leer
- Massagekiste mit diversen Materialien
- Materialien die zu deinem Unterrichtsthema passen – und den individuellen Bedürfnissen deiner Schüler*innen entsprechen
  - Stabile Ziffern, Buchstaben
  - Stundenplankarten
  - Material zum Unterrichtsthema (Bsp. Thema „Wohnen und Haushalt“: Puppenstubenzubehör, Haushaltsgegenstände, Thema „Bauernhoftiere“: Schleichtiere, Plüschtiere, ...)

Beispiele fächerübergreifend

<table>
<tr><th colspan="2">Materialien aus einem Säckchen/Fühlkiste ziehen</th></tr>
<tr><td>Tastsinn</td><td>Unterrichtsphase: Einstieg, bzw. Stationenarbeit</td></tr>
<tr><td colspan="2">Sobald die visuelle Kontrolle ausgeschaltet ist, wird der Tastsinn stärker angesprochen. Schüler*innen, die diese Informationen, so wie Steven im Beispiel auf S. 52 suchen, werden sehr gerne dieses Angebot nutzen.
Egal welcher Unterricht, lege Zahlen (aus denen beispielsweise eine Rechenaufgabe gebildet werden soll), Buchstaben, Stundenplankärtchen, Materialien zu deinem Thema, ... in das Säckchen / die Kiste und lasse sie ziehen. Achte darauf, dass die/der Schüler*in dies in Ruhe tun darf.</td></tr>
<tr><td colspan="2">Wirkung: Fokussierend und ausgleichend bei Schüler*innen mit einer gehemmten Tastempfindung.</td></tr>
<tr><td colspan="2">Alternativen bei Hyperaktivität des Tastsinnes
▪ Schüler*innen, die auf Tastreize abwehrend reagieren, bietest du die Sichtkontrolle an!
▪ Arbeit zu zweit: Ein/e Schüler*in zieht. Die gestellte Aufgabe wird von zwei Schüler*innen bearbeitet.
▪ Einsatz von klaren Materialien (dem Thema der Stunde entsprechend gefüllte Kiste) wie beispielsweise Metall, Holz, laminierte Karten

Alternativen bei Hypoaktivität des Tastsinnes
– Um den Tastreize zu steigern können unterschiedliche Materialien angeboten werden: weich, hart, unterschiedliche Oberflächenstrukturen
– Ein Gegenstand wird in einer Sandkiste, Bohnen oder Linsenkiste vergraben und darf genüsslich gesucht werden (Achtung, Schüler*innen, die das genießen, werden keine Rücksicht auf die Sauberkeit der Umgebung nehmen → entsprechende Vorkehrungen treffen)</td></tr>
</table>

Den Körper wecken	
Tastsinn, Propriozeption	**Unterrichtsphase:** Einstieg
Jeder sitzt aufrecht auf einem Stuhl. Die Füße stehen auf dem Boden. Mit einer hohlen Handfläche beginnen wir an der gegenüberliegenden Schulter den Arm an der *Innenseite hinab zu klopfen*, bis zur Hand. Von dort aus klopfen wir *auf der Armaußenseite bis zur Schulter hinauf.* Diesen Vorgang wiederholen wir ca. dreimal. Jetzt legen wir beide Hände an einen Oberschenkel. Von dort klopfen wir wieder locker mit hohler Handfläche nach unten, beginnend am Oberschenkel bis zu den Zehenspitzen (wer mag, kann davor die Schuhe ausziehen). Anschließend klopfen wir wieder nach oben. Diesen Vorgang führen wir zweimal aus und wiederholen dies beim anderen Bein. Ansage: „Arme und Beine haben wir geweckt. Was möchtet ihr noch wecken?“ Die Schüler*innen bringen vielfältige Idee ein. Bei der Umsetzung können wir beispielsweise das Gesicht reiben, die Ohren kräftig nach außen zupfen, den Kopf mit den Fingerkuppen klopfen.	
Wirkung: aktivierend, regt die Durchblutung und den Kreislauf an, die Körperwahrnehmung steigernd, fokussierend	
Alternativen: - **Den Rücken wachklopfen/reiben als Partnerarbeit:** Dabei achten wir darauf, dass derjenige, der „geweckt wird“, Vertrauen in seinen Partner hat. Der ausführende Partner erkundigt sich bei der Durchführung, auf welche Weise sein Gegenüber geweckt werden möchte (Streichen, Klopfen, Fingertrippeln, ...) und ob die Stärke passend ist. Wobei natürlich ein Klopfen anregender ist, als das Ausstreichen des Rückens.	

Den Körper entspannen	
Tastsinn	**Unterrichtsphase:** Ausstieg, Abschluss des Sportunterrichts, Entspannung

Wir sitzen aufrecht auf einem Stuhl. Die Füße stehen auf dem Boden.
Mit einer hohlen Handfläche beginnen wir diesmal an unserer gegenüberliegenden Schulter den Arm an der *Außenseite hinab zu klopfen*, bis zur Hand. Von dort aus klopfen wir *an der Arminnenseite bis zur Schulter hinauf.* Diesen Vorgang wiederholen wir circa dreimal.
Jetzt legen wir beide Hände an einen unserer Oberschenkel. Von dort streichen wir mit festem Druck nach unten. Diesmal bis zu den Zehenspitzen (wer mag kann davor die Schuhe ausziehen). Anschließend nehmen wir die Hände wieder an den Oberschenkel. Diesen Vorgang führen wir dreimal aus und wiederholen ihn beim anderen Bein.
Ansage: „Arme und Beine haben wir entspannt. Was möchtet ihr noch entspannen?“ Die Schüler*innen bringen vielfältige Ideen ein. Bei der Umsetzung können wir beispielsweise das Gesicht sanft ausstreichen, die Ohren vorsichtig nach außen zupfen, den Kopf mit den Fingerkuppen reiben.

Wirkung: entspannend, die Körperwahrnehmung steigernd, fokussierend

Alternativen:

- **Den Rücken entspannen als Partnerarbeit:** Dabei achten wir darauf, dass derjenige, der die Rückenmassage bekommt Vertrauen in seinen Partner hat. Der ausführende Partner erkundigt sich bei der Durchführung, auf welche Weise sein Gegenüber berührt werden möchte und ob er dies als entspannend erfährt (Streichen, Fingertrippeln, klopfen …).
- Bei Schüler*innen, die eine Abwehr gegenüber Tastreizen haben, oder keinen direkten Körperkontakt wünschen, kann es eine Alternative sein, mit einem Material zu arbeiten (beispielsweise mit einer Malerwalze). Auch Zuschauen ist in Ordnung!
- **Gesamte Entspannung als Partnerarbeit:** Hierbei bietet es sich an, allen Schüler*innen Massagematerial anzubieten (Hierfür könnt ihr alles Mögliche verwenden. Siehe Abbildung 16).

  Das Material sollte erklärend vorgestellt werden. Die Schüler*innen müssen selbst wissen, wie sich die unterschiedlichen Dinge anfühl-

Abbildung 16: Vielseitiges Material zur Tasterfahrung

en. Erkläre ihnen, wie sie während der Massage Rücksicht aufeinander nehmen können und welche Möglichkeit es gibt, dies konkret umzusetzen. – Die Entspannung kann selbstverständlich auch auf dem Boden in Bauchlage durchgeführt werden.

Rückenpost	
Tastsinn	**Unterrichtsphase:** zwischendurch, Pause, Freispiel
Ähnlich der Flüsterpost, werden Ziffern, Buchstaben, Formen, eine bestimmte Anzahl an Fingertupfer im Kreis herum weitergegeben. Interessant, was da herauskommt!	
Wirkung: fokussierend und aktivierend	
Alternativen bei Hyperaktivität des Tastsinnes: Zeichnen auf den Arm, auf ein Blatt Papier und zum Zeichnen wird ein Pinsel verwendet. **Alternativen bei Hypoaktivität des Tastsinnes:** Viel Druck anwenden und wenn nötig auf ein anderes Körperteil „schreiben". Fehlen die Ideen, so können die Vorlagen natürlich wieder aus einer Kiste/Säckchen gezogen werden.	

Spüren zum Unterrichtsthema	
Tastsinn	**Unterrichtsphase:** IMMER, Stationenarbeit
Egal welcher Unterricht gerade stattfindet, kannst du die Schüler*innen über den Tastsinn erreichen. Reagiere auf sich abzeichnende Unruhe bevor sich die Schüler selbst aus der Situation ziehen müssen! Jetzt kannst du passend zum Unterrichtsthema beispielsweise das von dir thematisierte Tier, um das es geht, über den Arm/Rücken/Bein laufen lassen, eine Aufgabe erfühlen lassen/auf den Rücken schreiben lassen (oder auch nur das Ergebnis). Liegt dein Material in einer breiten Auswahl bereit, so bist du flexibel und kannst sicher reagieren.	
Wirkung: Fokussierend und beruhigend, ausgleichend	
Alternativen bei Hyperaktivität des Tastsinnes: durchführen mit Sichtkontrolle und Material – kein direkter Körperkontakt	

<table>
<tr><th colspan="2">Spürend in eine neue Arbeitsphase</th></tr>
<tr><td>Tastsinn</td><td>Unterrichtsphase: Einstieg, Übergang</td></tr>
<tr><td colspan="2">Aufgabenpost: Bei differenzierten Aufgaben bietet es sich an, für jede*n Schüler*in die Aufgabe oder das Material in einen Briefumschlag zu legen. So kannst du zügig verschiedene Aufgaben verteilen und die Schüler*innen fokussieren sich direkt auf den Inhalt des Briefes.
Zauberstab: Alle Schüler*innen, denen es möglich ist, schließen am Ende einer Arbeitsphase/eines Stuhlkreises die Augen oder legen die Hände vors Gesicht (Spicken kommt natürlich vor). Nur so kann der Zauber wirken! Derjenige, der vom Zauberstab berührt wurde schleicht so leise, dass er nicht von den anderen gehört wird zu seinem Arbeitsplatz, oder in die Pause ... Wie ein Zauber wirkt dieses Spiel. Am Ende haben alle in Ruhe den Wechsel in die neue Situation geschafft.</td></tr>
<tr><td colspan="2">Wirkung: Fokussierung, Strukturierung</td></tr>
<tr><td colspan="2">Alternativen zur Aufgabenpost: Kiste, Pappumschlag
Alternativen zum Zauberstab: Statt einem Zauberstab, kann der wirksame Zauber auch mit den Händen und festem Druck übergeben werden. Dieser Reiz lässt sich leichter verarbeiten!</td></tr>
</table>

Unterrichtsideen fächerspezifisch

<table>
<tr><th colspan="2">Sport und Spiel – Fangspiele – ca. 10 Spieler erforderlich</th></tr>
<tr><td>Tastsinn</td><td>Unterrichtsphase: Einstieg, Abschluss</td></tr>
<tr><td colspan="2">Frühlingsfangen, Radfangen: Bei diesen Spielen geht es immer darum, dass ein Fänger die Gefangenen zum Stillstand bringt und sie erst nach Erlösung weiterrennen/rasen dürfen. Beim Frühlingsfangen werden die Schüler*innen vom „Frost“ zum Erstarren gebracht, die warme Sonne taut die Gefangenen auf und lässt sie wieder frei. Dafür legt sie ihre Hände fest auf den Rücken der „Gefrorenen“.
Beim Radfangen sind die Schüler*innen imaginär mit ihren Fahrrädern unterwegs. Manchmal kommt es vor, dass ein spitzer Stein (weicher Ball) die Radler berührt und die Räder ihre Luft verlieren. Sie sacken in sich zusammen und bleiben liegen. Werden sie wieder aufgepumpt (und eventuell geflickt) können sie weiter „fahren“. Die Pumpe pumpt Luft in die Reifen, indem sie fest mit beiden Händen die Beine und Arme des Radlers drückt und pumpt. Frisch aufgepumpt geht es weiter.</td></tr>
<tr><td colspan="2">Wirkung: Aktivierung und Fokussierung</td></tr>
<tr><td colspan="2">Alternativen Frühlingsfangen:
– Die Anzahl der Fänger und Erlöser kann variieren
– Der Frost trägt ein blaues und die Sonne ein gelbes Band. So werden sie leichter erkannt.
– Der Frost bekommt ein Fangmaterial: ein Stück einer Schwimmnudel
– Die Sonne bekommt ein Material: Igelball, Ball, Tuch

Alternativen Fahrradfangen:
– Die Anzahl der Fänger und Erlöser kann variieren
– Fänger und Erlöser erhalten jeweils ein Band
– „Stein“ wird geworfen, oder kann beim Fangen in der Hand behalten werden
– Die Luftpumpe pumpt nur den platten Reifen auf, also denjenigen, der vom Fänger berührt wurde

Ab ca. 20 Mitspielern:
– Pumpstation: Eine Matte und ein Pezziball bilden die Station. Sind die Reifen platt, so legen sich die Radler in Bauchlage auf die Matte und werden mit gewähltem Druck vom Pezziball abgerollt (aufgepumpt)
– Die kaputten Räder können auf einem Rollbrett (gebauter Wagen) zur Pumpstation gebracht werden</td></tr>
</table>

Sport und Spiel – Entspannung	
Tastsinn	**Unterrichtsphase:** Abschluss

Wunschdecken/Feenstaub/Schneedecke (je nach Schülerschaft findest du ein passendes Thema zur Entspannung): Die Schüler*innen tun sich zu zweit zusammen. Die Paare sind kreisförmig angeordnet. In der Mitte liegen verschiedene Materialien, die zum Bedecken der Körper verwendet werden können.

Hierfür eignen sich: Sand- oder Bohnensäckchen, Jongliertücher, andere Tücher, Pappdeckel.

Einer liegt bequem auf seinem Bauch auf einer Matte. Du leitest die Entspannung mit ruhiger Stimme an.

Der/die Schüler*in, der/die sich entspannen darf, wählt die Materialien, die zum Bedecken seines/ihres Körpers genommen werden sollen. Die „Zudecker"innen fangen in der Körpermitte auf dem Rücken an und legen das Material mit behutsamem Druck ab. Es ist wichtig, dass sich die „Zudecker"innen immer wieder Rückmeldung von ihrem/ihrer Partner*in holen, ob die Körperstelle gut bedeckt ist, oder noch mehr/weniger „Schnee/Feenstaub/ ..." benötigt wird.

Es entsteht ein sorgsames und vertrautes Miteinander.

Am Ende darf sich der/die Zugedeckte entweder selbst mit langsamen Bewegungen achtsam von seiner Decke befreien, oder die „Zudecker*innen" entfernen vorsichtig den Feenstaub/Schnee. Das Ende bildet in diesem Fall ein sanfter Druck auf den unteren Rücken.

Wirkung: entspannend, die Körperwahrnehmung steigernd, fokussierend

Alternativen:

- Änderung der Ausgangsposition. Einigen Schüler*innen fällt es sehr schwer, sich auf dem Bauch entspannt abzulegen. In diesem Fall könnt ihr gemeinsam eine andere entspannte Position wählen, die die/der Schüler*in halten kann.
- Je besser die Schüler*innen die Materialien kennen, desto flexibler können sie eingesetzt werden. So können beispielsweise der Pappdeckel oder das Tuch zunächst leicht über den Rücken streichen, bevor er mit leichtem Druck abgelegt wird. Dasselbe gilt für das Aufdecken des Körpers.
- Denke dir eine schöne Geschichte aus, die du zur Partnermassage erzählen kannst und die deine Schüler*innen gut anleitet.
- Oder spiele eine angenehme Entspannungsmusik ab.

Tasten – Sport und Spiel – Entspannung	
Tastsinn	**Unterrichtsphase:** Abschluss, Station

Massage mit dem Kraftball: Die Lernenden tun sich zu zweit zusammen. Die Paare sind kreisförmig angeordnet. In der Mitte liegen verschiedene Bälle (denkbar ist auch ein Pezziball).

Ein*e Lernende*r liegt bequem auf ihrem Bauch auf einer Matte. Du leitest die Entspannung mit ruhiger Stimme an.

Der/die Lernende, der/die die Kraft erhält, wählt den Ball der auf ihrem Körper „wandern" darf.

Wir fangen in der Körpermitte an und legen eine Hand mit behutsamem Druck auf den Rücken. Hier beginnt der Kraftball zu wandern. Die Kraft „fließt" von dort in alle Körperteile. Während der Durchführung erkundigen wir uns, ob wir mehr oder weniger Kraft, also Druck geben sollen. Es entsteht ein sorgsames und vertrautes Miteinander.

Bevor wir die Massage beenden fragen wir, ob unser*e Partner*in genug Kraft für den Tag bekommen hat, oder ein Körperteil noch mehr Kraft benötigt. Ist der Körper mit Kraft versorgt, so beenden wir die Kraftmassage mit einem sanften Druck mit der Handfläche auf dem unteren Rücken der/des Partners/Partnerin.

Wirkung: entspannend, die Körperwahrnehmung steigernd, fokussierend

Alternativen:

- Änderung der Ausgangsposition. Einigen Schüler*innen fällt es sehr schwer, sich auf dem Bauch entspannt abzulegen. In diesem Fall könnt ihr gemeinsam eine andere entspannte Position wählen, die der/die Schüler*in halten kann.
- Die Bälle können unterschiedlich bewegt werden. Sie können gerollt, getupft, gedreht werden.
- Denke dir eine schöne Geschichte aus, die du zur Kraftmassage erzählen kannst und die deine Schüler*innen gut anleitet.
- Auch zu dieser Massage kannst du im Hintergrund eine angenehme Entspannungsmusik laufen lassen.

Tasten – Sport und Spiel – weitere Materialien	
Material	**Viele Aufbauten eignen sich für einen Parcours.**
Schwungtuch Die Rollen werden **freiwillig** gewählt und angenommen! Es muss auf die individuellen Bedürfnisse und Ängste geachtet werden!	**Windmaschine:** Wir spannen das Tuch und schwingen es auf und ab. Auf Kommando dürfen sich immer ein oder zwei Lernende in die Mitte unter das Tuch legen. Die Anderen bewegen das Tuch weiter auf und ab, mal schnell, mal langsam. Das Tempo kann von den Lernenden unter dem Tuch bestimmt werden. Hierzu werden vorab Kommandos vereinbart, z. B. schnelles Klatschen für starkes Schwingen, langsames Klatschen für leichtes und langsames Schwingen. **Fische fangen:** Es gibt zwei Rollen zu vergeben: Fischer und Fisch. Der Fischer bewegt sich krabbelnd und wenn möglich, mit verbundenen Augen auf dem Schwungtuch. Der Fisch bewegt sich unter dem Schwungtuch. Alle anderen schwingen das Tuch auf dem Boden und machen die Meereswellen. Der Fischer bewegt sich tastend über das Tuch und versucht den Fisch zu fangen. Dieser darf dem Fischer ausweichen. Ist dem Fischer das Meer zu wild, kann er sich ein anderes Wetter und eine ruhigere See wünschen. **Höhle:** Aus dem Tuch kann eine gemütliche Höhle/Tunnel gebaut werden. Sind wir im Tunnel/in der Höhle, wird der Tastsinn angesprochen.
Matten	**Schichttorte/Burger:** Lernende und kleine Matten werden abwechselnd zu einer „Torte“ geschichtet. Oft reichen zwei Lagen – alle Beteiligten achten aufeinander. „Gegessen“ wird abwärts Schicht für Schicht. Dieser Vorgang kann mehr oder weniger genussvoll gestaltet werden. Beispielsweise mit Kneten von Armen und Beinen beim „Essen“. **Gletscherspalte:** Zwei Weichbodenmatten werden aneinander fixiert. Es bleibt nur eine schmale Spalte. **Tunnel:** Sportmatten können zu einem Tunnel gebogen und beispielsweise durch Langbänke fixiert werden. Die Lernenden bewegen sich auf unterschiedliche Weise hindurch.
Tunnel	Der Tunnel kann die Schüler*innen von Station zu Station führen.

<table>
<tr><th colspan="3">Tastsinn: Alternativen im Bereich Gestalten, Hauswirtschaft, Garten</th></tr>
<tr><td colspan="3">Bei der Wahl der Materialien beachten wir folgende Regeln:</td></tr>
<tr><td colspan="2">Tastreizsuchenden Lernenden (wie Steven) bieten wir weiches Material, unterschiedliche Konsistenzen und Temperaturen an.</td><td>Tastreizvermeidenden Lernenden (wie Lilli) biete ich harte, klare, wenn möglich kühle Materialien. Zudem erhalten diese Schüler*innen immer die Möglichkeit, ihre Hände zu reinigen (Tuch liegt bereit), oder Handschuhe zu tragen, wobei dies häufig ebenfalls abgelehnt wird. Auf Überforderung bei starker Abwehr achten!</td></tr>
<tr><td colspan="3"></td></tr>
<tr><td colspan="3">Die Einteilung erfolgt von:
Tastreiz stark beanspruchend → hin zu → klar verarbeitbaren Tastreizen</td></tr>
<tr><td colspan="3">Gestalten</td></tr>
<tr><td>Malen mit Fingerfarben, Wasserfarben
Arbeiten mit Kleister direkt mit der Hand,
Modellieren mit Ton, Modelliermasse
Nassfilzen</td><td>Malen mit Ölkreiden/ Pastellkreiden
Modellieren mit Knete, Bienenwachsknete
Arbeiten mit Holz, schleifen mit Schleifpapier
Arbeiten mit Peddigrohr</td><td>Wachsmalstifte/Buntstifte
Arbeiten mit Holz, sägen, feilen, schrauben, nageln
Weben, Macramée
Trockenfilzen</td></tr>
<tr><td colspan="3">Kochen/Hauswirtschaft und Dienste</td></tr>
<tr><td>Obst und Gemüse: weiches Obst und Gemüse schälen, entkernen und schneiden</td><td>Gurke, Apfel schneiden, Salat waschen und zupfen
Obst und Gemüse waschen</td><td>Schneiden mit Hilfsmittel (Nicer Dicer, Apfelschneider), oder fertiggeschnittenes Obst/ Gemüse verwenden, Öffnen von Dosen, Abwiegen, Waschen von Obst und Gemüse mit im Sieb</td></tr>
<tr><td>Teige: Zutaten von Hand in den Teig kneten</td><td>Geformte Teiglinge mit der Hand kneten</td><td>Knethaken und Rührgerät verwenden
Fertigteig verwenden</td></tr>
</table>

Spülen: Speisereste entfernen und Abspülen von Hand	Spülmaschine einräumen, abtrocknen	Geschirr bereitstellen, Ausräumen der Spülmaschine
Dienste und Haushaltstätigkeiten: Tische und Oberflächen feucht wischen, Materialien von Hand waschen und schrubben	kehren, staubsaugen, abstauben, Whiteboard wischen, Wäsche zusammenlegen	Ordnungsdienste, Stundenplandienst, Bügeln, Auf- und Abstuhlen
Gartenarbeit		
Unkraut jäten, Setzlinge pflanzen	Steine aus dem Beet sammeln Pflanzen/Gräser schneiden	Gießen, Kehren Gehölz schneiden
Wirkung: regulierend und damit Stress reduzierend		

2. Die Tiefensensibilität und das Gleichgewicht im Unterricht – Anregungen und Beispiele

Das Gleichgewicht und die Tiefensensibilität wirken so eng miteinander, dass ich euch die Praxisbeispiele in dieser Verbindung miteinander darstellen möchte. Eine Position im Raum lebt beispielsweise von der Körperhaltung (Kraft, Stellung – Tiefensensibilität) und der Ausrichtung im Raum (Gleichgewicht).
Gemeinsam unterstützen die beiden Sinne:

- die Stabilisierung der Haltung und die Anpassung der Bewegung im Raum (auch Feinmotorik)
- Wachheit und Konzentration
- innere, emotionale Stabilität und Flexibilität

Hast du den Eindruck, dass deine Lernenden in ihrer Konzentrationsfähigkeit oder Feinmotorik Unterstützung brauchen, scheinen sie dir schlapp und müde, oder sehr unsicher, so findest du hier sicher das ein oder andere passende Angebot.
Dabei unterscheide ich grundsätzlich zwischen den beiden methodischen Ansätzen:

✓ stabilisierende Positionen im Unterricht
✓ die Tiefensensibilität aktivierende Positionen und Methoden

Die aktivierenden Positionen und Methoden wirken über die Anregung des Gleichgewichtssinnes und über die Steigerung der Körperspannung. Damit steigt die Eigenwahrnehmung und deine Schüler*innen spüren ihren Körper besser. Das Spüren des eigenen Körpers aktiviert nicht nur, sondern bildet über die Zeit hinweg eine gute Grundlage für innere Stabilität. Lernen deine Schüler*innen, selbst auf ihre Haltung und auf die Art und Weise ihrer Bewegungen zu achten, so werden sie nach und nach ein besseres Gespür für ihren Körper entwickeln und sich zunehmend für ihr körperliches Wohlbefinden einsetzen. Dies wird sich auch auf ein gesundes Selbstbewusstsein positiv auswirken.

Die Abbildung 19 auf Seite 148 zeigt einen Sitz auf einer **abgeschnittenen Schwimmnudel**. Dabei wird die Unterstützungs- und Kontaktfläche sehr reduziert und der Gleichgewichtssinn angeregt. **Den Sitz halten zu können, erfordert ein hohes Maß an Körperspannung.** Bewegungshungrige Schüler*innen profitieren von dieser flexiblen Sitzposition. In meiner Arbeit hat sich gezeigt, dass einige reizsuchende Schüler*innen die Schwimmnudel nach einer Phase der Erprobung gerne annehmen und sich immer wieder als alternative Sitzmöglichkeit auf den Stuhl legen.

Eine etwas weniger anstrengende Alternative wäre, ein **Ballkissen** zu verwenden. Diese sind auch in vielen Schulen bereits vorhanden.

Es wirken sich jedoch auch angeleitete und passive Positionswechsel, wie sie von vielen unserer Schüler*innen gebraucht werden, deutlich positiv auf deren Emotionen und Selbstbild aus.

Selbstverständlich lassen sich diese auch miteinander kombinieren und mit neuen kreativen Ideen variieren und individualisieren. Viel Freude damit!

Stabilisierende Positionen im Unterricht

Hier greife ich auf die auf die Ausgangspositionen wirkenden Faktoren von Seite 77 zurück:

- „Angebotshöhe" – Blickrichtung beachten
- Umgebungsgestaltung – Geschehen im Raum, wie sind die Mitschüler*innen und Sie selbst positioniert
- Viel oder wenig Unterstützungsfläche (Boden, Stuhl, Tisch – Beispiel Abb. 17 und 19)
- Die Wahl der Unterlage – fest oder weich
- Die Kontaktfläche → gibt Orientierung und Sicherheit
- Wo ist der Körperschwerpunkt? (Siehe bspw. Abb. 20 und 21)
- Die Berücksichtigung individueller Bedürfnisse und Gewohnheiten sowie Körperstrukturen und -funktionen (Kreislauf? Schmerzfrei?)
- Welche Positionen kennen die Lernenden als Arbeitspositionen?
- Lassen Sie die Lernenden mitentscheiden?

Eine stabilisierende Position profitiert von einer klaren, Rückhalt gebenden Umgebung. Räumliche Grenzen geben Orientierung und Sicherheit (Bsp. Abb. 17).

Schüler*innen mit einer Körperbehinderung benötigen dazu beispielsweise klare und haltgebenden Kontaktflächen.

Schüler*innen arbeiten jedoch nicht nur sitzend am Tisch. Stehende Positionen, Sitzen oder Liegen auf dem Boden sind hervorragende Alternativen.

Bauchlage beim Lesen, Puzzeln und Spielen: Bemerkst du, dass deine Schüler*innen Schwierigkeiten beim Lesen haben, so biete ihnen die Bauchlage an. Aus der Bauchlage heraus können wir unsere Nackenmuskulatur besser stabilisieren, was wiederum eine wichtige Voraussetzung ist, um die Augen kontrolliert bewegen zu können.

Dafür schaffst du eine freundliche Umgebung, mit entsprechender Unterlage und möglichst unterschiedlichen Plätzen für deine Schüler*innen.

Abbildung 17: Arbeiten auf dem Boden in einer Nische

Die Tiefensensibilität aktivierende Positionen und Methoden

Bewegen wir uns, so erhalten wir mehr tiefensensible Rückmeldungen, die Durchblutung und Atmung wird angeregt. Eine wache körperliche und mentale Grundspannung wird unterstützt.

Allgemein gilt, dass idealerweise die Art der aktivierenden Positionen sowie die Dauer und Häufigkeit mit den Lernenden und dem Klassenteam vereinbart werden. So übernehmen die Schüler*innen auch bei wechselnden Lehrpersonen zunehmend Verantwortung für sich und werden nicht über- oder unterfordert.

Aktiver Sitz am Tisch

Allgemein kannst du auf Seite 91 nachlesen was du beim Sitzen am Tisch beachten solltest.

Abbildung 18: Sitz der Aktivität entsprechend unpassend und passend

Tiefensensibilität und Gleichgewicht	**Unterrichtsphase:** Arbeitsphasen am Tisch

Ganz gleich, welcher Unterricht gerade stattfindet, du kannst zur Aktivierung die Körperaufrichtung deines/deiner Schülers*in über eine reduzierte und flexible Unterstützungsfläche hervorrufen.

Biete deinem/deiner Schüler*in ein Ballkissen auf dem Stuhl an. Dieses verlangt von ihm eine höhere Körperspannung. Er wird sich aufrichten und kann sich gleichzeitig vestibuläre Rückmeldung durch kleine Bewegungen holen.

Der Sitz auf einem Ballkissen ist zugleich aber auch anstrengend. Dadurch sollte der/die Schüler*in die Möglichkeit haben, das Kissen bei Bedarf zu entfernen und einfach unter seinem Stuhl oder im Regal abzulegen.

Wirkung: bei unterempfindlichem Gleichgewicht ausgleichend, Muskeltonus steigernd

Alternativen:

- Einen noch stärkeren Reiz bietet eine abgeschnittene Schwimmnudel, oder feste Handtuchrolle (gebunden). Diese wird quer über den Stuhl gelegt. Der/die Schüler*in kann mit seinem Gesäß darüber „Wippen“ und sich propriozeptive und vestibuläre Reize holen.

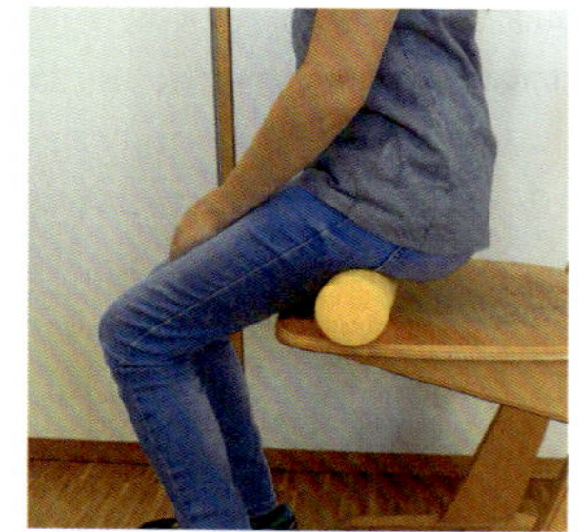

Abbildung 19: Aktivierende Sitzposition

- Ein stabiles Keilkissen aktiviert den Sitz durch die Beckenkippung und gleichzeitig bietet es Stabilität. Dies eignet sich für Schüler*innen, die Gleichgewichtsreize meiden.
- Außerdem kannst du die Kontaktflächen variieren. Kontaktflächen sind Flächen, die Kontakt zum Körper haben, aber kein Gewicht abnehmen.

Aktiver Sitz auf dem Boden

Tiefensensibilität und Gleichgewicht	**Unterrichtsphase:** Einstieg, Abschluss

Setze dich mit deinen Schüler*innen auf den Boden. Jede*r Schüler*in erhält eine Teppichfliese. Diese gibt ihr/ihm Orientierung und schützt vor Auskühlung.

Schaffen es deine Schüler*innen, so sollen sie im Schneidersitz Platz nehmen. Dabei sind die Hüften außenrotiert und das Becken wird aufgerichtet. Für unsere Schüler*innen ist das Einnehmen und Halten des Schneidersitzes meist eine anstrengende Aufgabe. Daher wähle passende Alterativen und achte auf die geplante Sitzzeit.

Ist der Körperschwerpunkt weit hinten, so fällt es uns schwer, uns gegen die Schwerkraft aufzurichten. Es ist anstrengender, diese Position zu halten.

Abbildung 20: Arbeiten auf dem Boden – mit Körperschwerpunkt

Abbildung 21: Verlagerung des Körperschwerpunktes im Vergleich zu Abbildung 20

Wann es den Schüler*innen zu anstrengend wird erkennst du leicht. Sie gehen aus der Position, stützen sich oder legen sich hin. Gehe darauf ein und biete ihnen Erleichterung an (siehe Alternativen).

Wirkung: aktivierend, Tonus steigernd
Alternativen: – Sitz auf einem niedrigen Hocker. Eventuell auch im Reitsitz (Hocker zwischen den Beinen) – Anlehnen: an die Wand, seitlich an einen Hocker/Stuhl, vorne auf einen Hocker lehnen – Sitz auf einem festen niederen Kissen – Kleinen Pezziball, festes Kissen in den Schoß nehmen, so kann man Gewicht darauf geben, sich „ablegen“ – Schneidersitz im Sitzsack – nimmt Körperspannung heraus! Das ist eine gute Alternative für Schüler*innen, die sich nicht zu sehr anstrengen dürfen – Andere Sitzvarianten: Seitsitz, Langsitz – Bewegung bei Unruhe aufgreifen: Strecken, Dehnen zur Seite nach oben, Klopfen der Beine, Arme

Bewegtes Zuordnen	
Tiefensensibilität und Gleichgewicht	**Unterrichtsphase:** Arbeitsphase
Das bewegte Zuordnen kannst du in jeden Unterricht einbauen. Es können Rechenergebnisse, Buchstaben, Lösungen zu Themen eingebunden werden. Dabei gehst du folgendermaßen vor: Auf dem Arbeitstisch liegt das Aufgabenblatt bereit. Es müssen passende Elemente zugeordnet werden. Diese Teile hängen an einer Wäscheleine. Nun holt sich der/die Schüler*in ein Teil von der Wäscheleine und hüpft beispielsweise beidbeinig über Fußmatten zu ihrem Platz zurück. Er/sie ordnet das Teil zu und krabbelt durch den Tunnel zur Wäscheleine. Dort richtet er/sie sich erneut auf, streckt sich und holt sich das nächste Teil. Wieder hüpft er/sie zurück zum Platz und so weiter. Der Weg über den Tunnel und die Teppichfliesen bieten die erkennbare Struktur, die viele unserer Schüler*innen brauchen.	
Wirkung: aktivierend, Muskeltonus steigernd und regulierend	
Alternativen: – Balancieren, Hüpfen, Krabbeln über Seil/Bank/Steine – über Matte rollen – mit dem Rollbrett fahren – unter Tisch krabbeln, kriechen – von A nach B als ein Tier gehen (hier könntest du eine Karte ziehen lassen, wenn es zum Thema passt)	

- Statt der Wäscheleine, kann das Material auf einem anderen Tisch, auf dem Boden in einem Reifen oder auf einer Matte/Teppichfliese liegen (achte auf eine klare Begrenzung und erkennbare Struktur)
- Mit wenigen Schüler*innen ist es ausreichend, nur einen Weg zu haben. Beispielsweise eine Langbank. Diese lässt sich rasch hinstellen und somit leicht in den Unterricht einbauen, wenn du merkst, dass dein*e Schüler*in Bewegung sucht.

Unterricht im Parcours

Tiefensensibilität und Gleichgewicht	**Unterrichtsphase:** Beginn, Arbeitsphase mit Schwerpunkt Wiederholung des Gelernten und Ende

Wie beim „bewegten Zuordnen" kannst du den Parcours in jedem Unterricht einbauen. Es können Rechen-, Leseaufgaben oder Aufgaben zu Themen eingebunden werden. Besonders jüngere Lernende profitieren vom ganzheitlichen Bewegungsangebot beim Lernen im Parcours.
Beim Aufbau achten wir darauf, dass die Stationen sinnvoll aufeinander folgen. Dies bedeutet: wir beachten die Wirkungsweise der Sinne, wie sie sich wechselseitig beeinflussen.

- Auf einen vestibulären Reiz folgt ein regulierender Tast-/Tiefensensibler Reiz
- Auf einen tiefensensiblen Reiz folgt ein vestibulärer Reiz, oder Tastreiz (v. a. bei taktiler Hyperaktivität).
- Du kannst dir das so vorstellen: nach einem anregenden, nach außen gerichteten Reiz (bspw. Balancieren, Klettern) bietest du wieder eine Aufgabe, die die Lernenden zentriert.

Die motorische Anforderung darf nicht zu hoch sein, sonst lenkt sie zu stark von der Aufgabe ab! Achte darauf, dass Bewegung die Methode bleibt, um das Lernen zu unterstützen.

Ein möglicher Aufbau wäre:

Balancieren über eine Bank (Gleichgewicht) → Springen auf einem Trampolin (Tiefensensibilität) → Taststation → Krabbeln durch einen Tunnel (Tiefensensibilität und Tastsinn)

Die Aufgabe kann auf verschiedene Weise und an unterschiedlichen Stellen eingebunden werden. Idealerweise folgt die Aufgabenstellung vor dem vestibulären Reiz (Balancieren) und die Aufgabenstationen (also selbständiges Ausführen der kognitiven Aufgabe) baust du nach einem Tast- oder Propriozeptiven Reiz ein.

Schau doch einmal bei den Alternativen, ob du andere Teile für deinen Parcours verwenden möchtest. Ich habe sie den Sinnen zugeordnet. So kannst du für deine Schüler*innen einen passenden Parcours zusammenstellen.

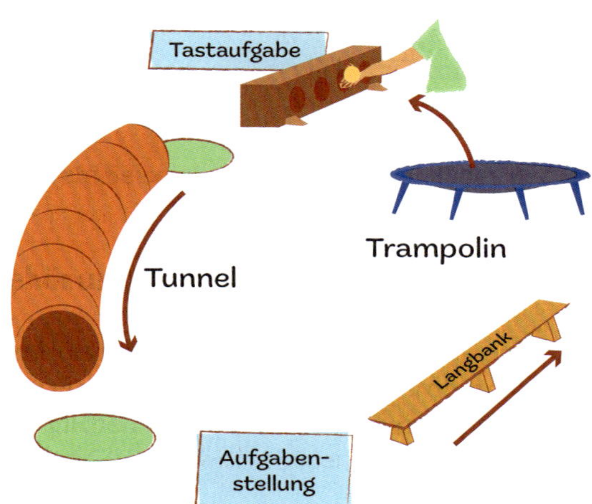

Abbildung 22: Möglicher Parcoursaufbau

Wirkung: aktivierend, regulierend Freude bringend

Alternative Bauteile:	**Tiefensensibilität**	**Gleichgewicht**
Rollbrett In der Ebene und in Bauchlage	×	
Sitzend und sich am Tau entlangziehend	×	×
Schräge Ebene hinab fahren		×
Langbank Balancieren über die breite oder die schmale Seite		×
In Bauchlage mit den Armen und Händen entlangziehen	×	
Mit den Händen stützen und beidbeinig seitlich überspringen	×	
In Rückenlage mit den Beinen entlang schieben	×	×
Im Bärengang darüber gehen/krabbeln	×	×
Als Brücke nach oben zur Sprossenwand aufbauen	×	×

Dehnungsübungen im Unterricht	
Tiefensensibilität	**Unterrichtsphase:** Beginn, Arbeitsphase mit Schwerpunkt Wiederholung des Gelernten und Ende
Dehnen in verschiedenen Positionen: dabei kannst du die Dehnübungen aus dem Stand, aus dem Sitz auf dem Stuhl oder Boden durchführen. – Vorbeugen und sich wieder aufrichten, – über die Seite dehnen, – die Arme über den Kopf in Richtung Decke dehnen, – Drehsitz. Achtung: Achte auf die physiologische Ausführung der Dehnbewegung. Außerdem sollte eine Dehnung nicht schmerzhaft sein. Bleibt ca. 15 Sekunden in der Dehnung, so entfaltet sie auch ihre Wirkung.	
Wirkung: auf Körper und Geist regulierend	
Alternativen: – Im Stand hilft es den Schüler*innen, sich an einer Stuhllehne zu halten. Achte auf einen sicheren Stand, bevor du in die Dehnung gehst. – Vor dem Dehnen könnt ihr die Körper „ausschütteln", so seid ihr aktiviert und nehmt euren Körper besser wahr.	

Kraft und Gewicht im Unterricht	
Tiefensensibilität	**Unterrichtsphase:** Beginn, Arbeitsphase mit Schwerpunkt Wiederholung des Gelernten und Ende
– Gewichtsdecken, Gewichtsmanschetten, Rucksack gefüllt mit Steinen, Sandkissen zum Beschweren einsetzen – Transport von schweren Gegenständen in den Unterricht einbauen – unter schweren Kissen/Steinen Lernimpulse verbergen → müssen angehoben werden, um bearbeitet werden zu können. – In Bewegungseinheiten zwischen Matten heraus kämpfen – Schüler*in mit einem Pezziball abrollen (viel Druck) – Schüler*in hängt sich an eine Stange und hält sich	
Wirkung: regulierend	

Balanceaufgaben im Unterricht	
Gleichgewicht und Tiefensensibilität	**Unterrichtsphase:** zu jeder Zeit, wenn sich bewegungssuchende Schüler*innen fokussieren sollen
Stelle eine kurze Bewegungsabfolge zusammen. Drei Übungen in Ruhe durchgeführt wirken wahre Wunder. Achte dabei auf einen harmonischen Aufbau. Zunächst eine Dehnübung, dann eine Balanceübung und zuletzt beispielsweise die „Stellung des Kindes" aus dem Yoga. Balanceübungen: – Mit geschlossenen Füßen aufrecht stehen und die Hände über dem Kopf zusammenbringen – Einbeinstand – Einbeinstand, wobei die eine Fußsohle an die Innenseite der Wade des anderen Beines gelegt wird. Die Arme und Hände können zur Seite gestreckt, oder über dem Kopf zusammengebracht werden. – Die „Waage" ausführen und halten. – Achtsames Gehen über ein Seil, eine (umgedrehte) Langbank, über Säckchen, andere Materialien. – Steigen über Hindernisse	
Wirkung: fokussierend und aktivierend	
Alternativen: Balanceübungen zu zweit durchführen. Hierfür ist ein großes Vertrauen in den Partner nötig.	

Aufrichtende Bewegungen im Unterricht	
Tiefensensibilität	**Unterrichtsphase:** Als Aktivierung können diese Übungen und Methoden jederzeit eingebaut werden
– **Äpfel pflücken:** Mache dich so groß wie möglich und strecke die Arme nach oben. Halte kurz, oder „greife" wechselnd mit rechts und links etwas höher in die Luft (nach den Äpfeln). Die Schultern ziehst du dabei von den Ohren weg nach unten. – **Strecken am Tisch:** Wir stehen schulterbreit und eine Armlänge von unserem Tisch entfernt. Nun legen wir die Hände ebenfalls schulterbreit auf die Tischkante und gehen langsam nach hinten. Dabei lassen wir unsere Oberkörper	

nach unten zwischen die Arme sacken. Der Brustkorb öffnet sich, die Beine bleiben locker gestreckt, oder werden gebeugt bis die Arme und der Oberkörper eben mit dem Tisch sind. Bleibe einige Atemzüge in dieser Position. Wenn du die Beine abwechselnd beugst und streckst, wird der Schulterbereich angenehm geöffnet. Ist die Übung so zu schwer, wähle ein höheres Regal und führe die Übung daran aus.

- **Strecken an der Wand:** Wir stehen eine Armlänge und schulterbreit von der Wand entfernt. Spanne den Bauch an , so als ob du eine Murmel in deinem Nabel festhalten möchtest. Laufe jetzt in kleinen Handschritten die Wand hinauf. Dein Körper ist angespannt und gerade. Ist das zu schwer, laufe lieber wieder ein paar Handschritte zurück.
- Variation: Bleibe in der gestreckten Position an der Wand. Dein Körper ist angespannt. Drehe deinen Körper in einem, also Hüfte Rücken und Schulter zeigen in eine Richtung, nach rechts. Schaue unter deiner rechten Schulter hindurch. Drehe dich langsam zurück zur Mitte und anschließend nach links. Wiederhole dies ein paar Mal und laufe anschließend wieder mit den Händen zurück.
- **Armkreisen:** Im Stehen werden die Arme gekreist. Wir beginnen nach vorne, führen sie nach oben, nach hinten und wieder nach unten. Wir achten dabei auf eine symmetrische Ausführung und dass die Schultern unten (weg von den Ohren) bleiben. Ist das zu anstrengend bietet es sich an, dieselbe Übung mit gebeugten Armen durchzuführen.
- **Ballspiel:** Das Werfen eines Pezziballs erfordert ein gewisses Maß an Aufrichtung und Kraftaufbau. Solltet ihr Platz haben, so wähle zum Ballspielen große Bälle. Je größer desto höher muss die Körperspannung und Aufrichtung beim Werfen und Fangen sein.
- **Arbeiten in Bauchlage:** Das Arbeiten in Bauchlage, beispielsweise im Unterarmstütz, trainiert die Rückenmuskulatur. Erleichtert werden kann dies durch eine dicke feste Handtuchrolle/Kissen unter dem Brustkorb. In einigen Schulen gibt es Lagerungskeile, die die Bauchlage und Kopfkontrolle erleichtern. Ein Gewichtstier auf dem Kreuzbein unterstützt durch den tiefensensiblen Reiz ebenso die Aufrichtung.
- **Rollbrett fahren:** Auch beim Rollbrettfahren wird die Rückenmuskulatur trainiert. Hinzu kommt, dass die Schüler*innen große, den Brustkorb öffnende Bewegungen in den Schultern ausführen. Die Beschleunigung auf dem Rollbrett steigert die Körperspannung und erleichtert die Streckung.
- **Klettern:** Klettern ist eine hervorragende Aktivität, um unter anderem die Köraufrichtung zu stärken.

Es gibt noch unzählige weitere Übungen und Aktivitäten, die eine aufrichtende

Wirkung haben. Sicher kennst du Rückenübungen wie beispielsweise „den Schwimmer“. Alle diese Übungen kannst du immer wieder in deinen Sportunterricht einbauen.

Stelle das **Material** für deine Schüler*innen so bereit, dass sich diese, um es erreichen zu können, aufrichten müssen (aufhängen an einer hohen Wäscheleine, oberes Regalbrett nutzen, ...).

Alle **Pläne, Aufgaben** können in einer Höhe angebracht sein, dass deine Schüler*innen den Kopf und ihren Blick anheben werden.

Bewegungstagebuch – Beispiel

Alle Übungen wurden vorbereitend in der Schule angeleitet geübt!

Bewegungstagebuch

Du brauchst:
- ☐ einen Timer
- ☐ eine leere Wand
- ☐ einen Pezziball und eine*n Mitspieler*in

1. Spiele dein Lieblingslied ab und tanze dazu

2. Wähle drei Übungen aus, kreuze sie an und führe sie nacheinander drei Mal aus. → Siehe Seite 2

3. Führe die Entspannungsübung durch

Woche von bis	20 Sekunden Armkreisen	15 Sekunden Halten Strecken an der Wand	10 Sekunden Schwimmen in Bauchlage (Gewicht auf unterem Rücken)	20 Sekunden Äpfel pflücken	Einige Minuten Ballspiel mit dem Pezziball
Montag					
Dienstag					
Mittwoch					
Donnerstag					
Freitag					

Entspannungsübung

1. Gehe in den Vierfüßlerstand und mache die Katze-Kuh-Übung. **10 Mal**

2. Lege dich auf den Rücken, ziehe die Knie an den Bauch und rolle dich genüsslich in alle Richtungen.

3. Bilaterale Integration – Anregungen für den Unterricht

Jede Aktivität, die für ihre Ausführung beide Hände benötigt, unterstützt die Zusammenarbeit beider Hirnhälften.

Beispielsweise:

- Schieben des Essenswagens, oder anderer Wägen und Kästen
- Seilziehen, Seilspringen
- Tragen von Kisten, Tabletts, Tischen, Stühlen, ...
- Hin und her rollen eines Pezziballs, Medizinballs
- Verschlüsse schließen

Jede Aktivität die eine HALTEHAND und eine FÜHRENDE HAND benötigt, kann dazu genutzt werden, die Seitendominanz (und damit die Händigkeit) zu festigen:

- Schneiden mit einem Messer, einer Schere
- Rühren im Topf
- Geschirr abspülen
- Fegen mit Kehrblech und Besen
- Drehverschlüsse öffnen, Stifte spitzen

Jede Bewegung/Übung, die ein koordiniertes Zusammenspiel verschiedener Körperteile fordert, unterstützt das koordinierte Zusammenspiel der beiden Hirnhälften, also der bilateralen Integration. Insbesondere solche, die die Körpermitte kreuzen.

Führt ihr die Übungen vor einer Arbeitsphase durch, seid ihr körperlich und geistig bestens aktiviert!

Übungen:

Tipp: Susanne Strasser hat „25 Bildkarten zur bilateralen Integration" (Strasser, 2020) erstellt. Diese sind im Buchhandel zu erwerben.

- **Die liegende Acht:**

  Der/die Lernende sitzt mittig vor einer aufgemalten liegenden Acht. Nun fährt sie/er diese nach, ohne seinen Körper aus der Mitte zu bewegen. Gerne in vielen Farben, damit möglichst viele Wiederholungen ausgeführt werden.

  Die liegende Acht mit Blick auf den Daumen: Strecke deinen Arm nach vorne, vor deiner Körpermitte aus. Mach eine Faust und richte den Daumen nach oben aus. Blicke auf deinen Daumen und führe ihn in einer liegenden, vor dir aufgerichteten Acht vor deinem Körper entlang. Bewege deinen Körper und den Kopf nicht mit! Nur die Augen sollen dem Daumen folgen.

- **Kreuzübungen:**

  Bringe die rechte Hand zur linken *Schulter*/zum linken *Ohr*/ zum linken *Knie*. Die linke Hand führst du hinter den Rücken. Danach andersherum und immer im Wechsel. Diese Übungen lassen sich auch *im Sitz* durchführen.

  Bringe aus dem *Stand* das linke Knie und den rechten Ellbogen vor deiner Körpermitte zusammen. Der linke Arm geht dabei hinter den Rücken. Jetzt andersherum und immer im Wechsel. Achte auf die korrekte Ausführung.

  Führe die Kreuzübung in der *Rückenlage* durch. Dabei wird der Arm statt hinter den Rücken an die Körperseite geführt.

  Stehe etwas weiter als schulterbreit. Neige dich nun nach vorne und bringe die rechte Hand zum linken Fuß. Den linken Arm streckst du nach rechts hinter deinen Körper. Richte dich auf und führe die Arme neben den Körper. Wiederhole die Übung nun andersherum. Also die linke Hand geht zum rechten Fuß ...

  Bringe in *Rückenlage* die linke Fußsohle und die rechte Hand vor deiner Körpermitte zusammen. Der linke Arm geht dabei neben deinen Körper. Jetzt andersherum und immer im Wechsel.

- **Einfache Überkreuzübungen mit einem Ball zu zweit:**

  Mit einem großen Ball sind die Partnerübungen einfacher als mit einem kleinen!

  Setzt euch zu zweit auf dem Boden einander gegenüber. Rolle nun einen Ball mit beiden Händen von rechts nach links der Partnerin zu. Die Partnerin „fängt“ den Ball mit beiden Händen und bringt ihn zu ihrer linken Seite. Von dort rollt sie ihn wieder die Mitte kreuzend zurück. Du „fängst“ ihn mit beiden Händen auf deiner linken Körperseite, bringst ihn wieder nach rechts und wiederholst den Ablauf mehrere Male. Dann könnt ihr ja mal die Seite wechseln.
  Statt euch den Ball zuzurollen, könnt ihr es mit Werfen versuchen.

- **Einfache Überkreuzübungen alleine mit Ball:**

  Nimm einen Jonglierball oder ein Sandsäckchen in deine linke Hand und gebe/werfe es in einem kleinen Bogen in deine rechte Hand und wieder zurück. Werfe es hin und her.

  Setze dich im Schneidersitz auf den Boden und rolle einen Ball vor dir von der rechten Hand in die linke und zurück. Wie groß kannst du den Abstand zwischen den Händen machen?

Nimm den Ball (oder Igelball) mit deiner rechten Hand und lass ihn von der linken Hand über den Arm, über die Brust zur rechten Schulter wandern. Lass den Ball am Körper und nimm ihn mit der linken Hand. Diese führt ihn nun weiter über den rechten Arm, zur Hand und wieder zurück über die Brust zur linken Schulter. Hier wird wieder getauscht und so weiter.

→ Dasselbe kannst du im Sitzen mit den Füßen und Beinen machen. Hierbei bleiben jedoch möglich beide Hände am Ball.

Außerdem kannst du mit Klatschspielen wie „Bei Müllers hat's gebrannt", „Empompie Kolonie", Bodypercussion oder durch Gebärden begleitetes Singen und Sprechen die bilaterale Integration anregen und verbessern.

- **Beispiel Gutenmorgenrap:**

  Der Gutenmorgenrap wird rhythmisch gesprochen und so wie die Zeichen es zeigen begleitet. Natürlich können für die Zeichen beliebige andere Bewegungen gewählt werden.

  Meine Vorschläge:

	Vorschlag 1	**Vorschlag 2**
■	= Schenkelklatschen	= Schenkelklatschen
●	= Klatschen	= überkreuztes Schulterklatschen
▲	= Schnipsen	= Klatschen

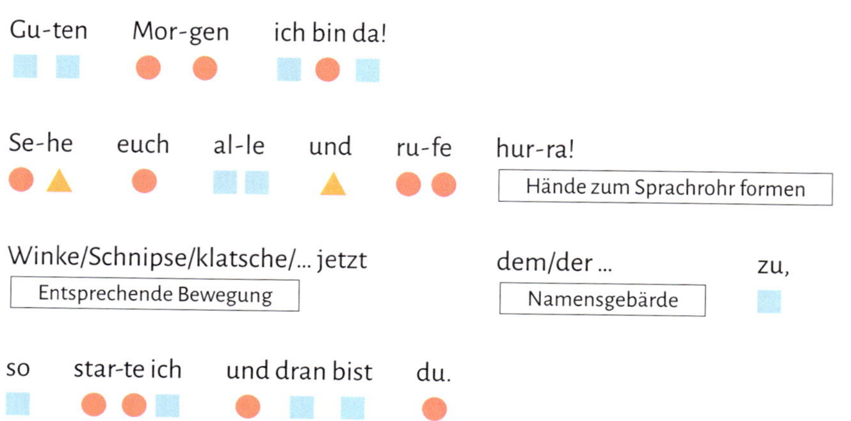

Differenzierung: Für die Schüler*innen wird es einfacher sein, wenn du nur zwei verschiedene Bewegungen wählst. Außerdem ist es sehr hilfreich, wenn der Text mit den Symbolen groß an der Tafel steht.

Der Unterricht als ein lebendiges Miteinander und vertieftes Lernen

In den vorangegangenen Kapiteln des dritten Buchteils haben Sie Beipiele und Methoden finden können, die die drei Basissinne und somit das Bezugssystem der Sinne ansprechen: den Tastsinn, die Tiefensensibilität und das Gleichgewicht. Jeder dieser drei Sinne hat seine Aufgabe, mit der er das Zusammenspiel von Geist, Körper und Umwelt unterstützt und damit zu gelingendem Lernen beiträgt.

In jedem Unterricht haben Sie die Möglichkeit, der Körperlichkeit der Schüler*innen mit ihrem individuellen Embodiment Raum zu geben und zu respektieren.

Nehmen Sie die Beispiele und Methoden mit in Ihren Unterricht und setzen Sie diese um!

Nachwort

Zu Beginn habe ich Sie aufgefordert, Ihre eigenen Fragen und Ziele zu formulieren. Sie haben sich Gedanken gemacht, was Sie erfahren möchten zur „Schnittstelle der Sinne“. Nun wünsche ich Ihnen, dass Sie bereichtert das Buch zur Seite legen und voller Freude an die Umsetzung im Unterricht gehen.

Mit Sicherheit können Sie nun nachvollziehen, wie wertvoll die Berücksichtigung der Körperlichkeit im Unterricht ist. Welche Auswirkung sie auf Lernen hat und wie sie neugieriges und zufriedenes Lernen unterstützt. Jetzt sage ich:

Try and see!

Beachten Sie die körperlichen Bedürfnisse Ihrer Schüler*innen. Schenken Sie ihnen in Ihrem Unterricht Zugang zu unterschiedlichsten Reizen. So ermöglichen Sie einen harmonischen Austausch von Körper, Geist und Umwelt! Das ist Lernen!

Literatur

- Asanger, R., Wenninger, G. (1999). Handwörterbuch Psychologie. Weinheim: BELTZ Psychologie Verlags Union.
- Ayres, A. J. (2016). Bausteine der kindlichen Entwicklung: Sensorische Integration verstehen und anwenden . Berlin Heidelberg: Springer.
- Becker, H. (2007). Kinder mit Wahrnehmungsstörungen, Ein Ratgeber für Eltern, Pädagogen und Therapeuten. Idstein: Schulz-Kirchner.
- Croos-Müller, C. (2017). Body2Brain-App. München: Kösel Verlag, Penguin Random House Verlagsgruppe GmbH.
- Hobmair, H., Betscher-Ott, S., Gotthardt, W., Altenthan, S., Höhlein, R., Ott, W., & Pöll, R. (6 Aufl., 2016). Pädagogik. Bildungsverlag EINS.
- Largo, R. (2012). Lernen geht anders. Hamburg: edition Köber-Stiftung, Piper.
- Leschnik, A. (2021). Wahrnehmung, Grundlagen, Clinical Reasoning und Intervention im Kindes- und Jugendalter. Wiesbaden: Springer Gabler.
- Michaelis, R., & Niemann, G. (2017). Entwicklungsneurologie und Neuropädiatrie. Stuttgart: Georg Thieme Verlag KG.
- Quante, S. (2004). Handbuch der erlebnisorientierten Entspannung. Dortmund: borgmann publishing.
- Schaefgen, R. (2007). Praxis der Sensorischen Integrationstherapie. Stuttgart: Georg Thieme.
- Schmidt, F., Schaible, H. G. (2006). Neuro- und Sinnesphysiologie. Heidelberg: Springer Medizin.
- Smith Roley, S., Blanche, E., & Schaaf, R. (2004). Sensorische Integration Grundlagen und Therapie bei Entwicklungsstörungen. Heidelberg: Springer Medizin.
- Spitzer, M. (2007). Lernen Gehirnforschung und die Schule des Lebens. Berlin / Heidelberg: Springer.
- Storch, M., Cantieni, B., Hüther, G., & Tschacher, W. (2017). Embodiment, die Wechselwirkung von Körper und Psyche verstehen und nutzen. Bern: Hogrefe.

- Strasser, S. (2020). 25 Bildkarten zur Bilateralen Integration. Susanne Strasser.
- World Health Organization (2017). ICF-CY Internationale Klassifikation der Funktionsfähigkeit, Behinderung und Gesundheit bei Kindern und Jugendlichen. Bern: Hogrefe.
- Zimmer, R. (2014). Handbuch Sinneswahrnehmung, Grundlagen einer ganzheitlichen Bildung und Erziehung. Freiburg im Breisgau: Herder.

Dank

Zunächst gilt mein Dank Frau Balke-Schmidt und dem verlag modernes lernen Borgmann GmbH & Co. KG, die es möglich machten, dieses Buch zu veröffentlichen. All denjenigen, die mein Geschriebenes in die richtige Form gebracht haben, möchte ich danken!

Lieber Flo und liebe Miliza, durch euch hat dieses Buch die bunte Lebendigkeit bekommen die es braucht. Herzlichen Dank an dich Miliza für das Zeichnen dieser schönen Illustrationen!

Einen weiteren Dank möchte ich an die fleißigen Korrekturleser*innen schicken. Ihr habt das Manuskript nicht nur korrekturgelesen, sondern es auch durch neue Gedanken und Ideen bereichert. Danke!

Während meines Schreibens haben mir mein Mann und meine Kinder so oft den Rücken frei gehalten. Mit Zuspruch und Begeisterung haben sie mich ermutigt dieses Projekt zu Ende zu bringen. Meinen tiefen Dank dafür!

Raum für Notizen

Raum für Notizen

Raum für Notizen

TEACCH und Autismus-Spektrum-Störungen

Anne Häußler

Der TEACCH Ansatz zur Förderung von Menschen mit Autismus

Einführung in Theorie und Praxis

Die Autorin beleuchtet die theoretischen Grundlagen, gibt aber auch der praktischen Umsetzung viel Raum. Informationen zur Entstehung des TEACCH Ansatzes und seiner wissenschaftlichen Evidenz sind ebenso Thema wie die Diskussion zu dessen Übertragbarkeit auf die Situation in Deutschland. Der Schwerpunkt liegt jedoch auf dem praxisbezogenen Teil. Diese fünfte, erweiterte und verbesserte Auflage greift aktuelle Entwicklungen in Bezug auf das TEACCH® Autism Program in North Carolina auf und berücksichtigt neueste Studien und Diskussionen zur wissenschaftlichen Fundierung des TEACCH Ansatzes. Ihre besondere Aktualität gewinnt diese Veröffentlichung durch die Auseinandersetzung der Autorin mit vielen Fragen, die ihr in Seminaren und Beratungsgesprächen begegnen. Bei der Überarbeitung des praktischen Teils wurden daher wichtige Aspekte und Inhalte ergänzt, die sich durch Seminardiskussionen sowie Gespräche der Autorin mit ihrer Leserschaft als wesentlich erwiesen haben.

6., verbesserte Auflage, 232 S. (zahlreiche Arbeitsblätter als Kopiervorlagen), farbige Abb., Format 21x28cm, Ringbindung

ISBN 978-3-8080-0924-6 | Bestell-Nr. 1281 | 29,95 Euro

Heike Solzbacher

Von der Dose bis zur Arbeitsmappe

Ideen und Anregungen für strukturierte Beschäftigungen in Anlehnung an den TEACCH-Ansatz

„Durch die vielen Abbildungen und Fotos lassen sich sämtliche Ideen sehr gut nacharbeiten. Das notwendige Material dürfte in jeder Kita vorhanden sein. Auch für entwicklungsverzögerte oder besonders junge Kinder (ab 2 Jahre) finden sich in dem Buch Anregungen, die sich problemlos in die tägliche Praxis umsetzen lassen. Fazit: Das Buch bietet praxisgerechte Hinweise, um den Alltag von entwicklungsverzögerten Kindern zu strukturieren und ihre Selbständigkeit zu fördern." Marianne Broglie, skg-forum

„Lesen und direkt loslegen – Das Buch ist keine weitere ausführliche theoretische Abhandlung, sondern erfreulich kurz, prägnant und anwenderbezogen. Es ermutigt den Leser durch die zahlreichen Abbildungen direkt zum Loslegen." Bianka Kuhls, ergopraxis

„Alles in allem ein beeindruckend vielfältiges, animierendes und motivierendes Buch, das vielen Menschen helfen wird, anderen Menschen mit Beeinträchtigungen angemessene Förderhilfen zu schenken." Detlef Rüsch, amazon.de

6. Auflage 2024, 84 S., farbige Abb., Format 16x23cm, Ringbindung, Alter: 2–6

ISBN 978-3-938187-63-0 | Bestell-Nr. 9410 | 16,95 Euro

Anne Häußler et al.

SOKO Autismus

Gruppenangebote zur Förderung SOzialer KOmpetenzen bei Menschen mit Autismus – Erfahrungsbericht und Praxishilfen

Das Buch enthält eine Fülle von Ideen zur Gestaltung von Gruppenangeboten sowie praktische Anregungen für die inhaltliche Arbeit. Neben grundlegenden Informationen über soziale und kommunikative Schwierigkeiten bei Menschen mit Autismus und einer Darstellung des Konzeptes der SOKO-Gruppen stellen die Autorinnen eine SOKO-Gruppe für Kinder und eine für Erwachsene mit Autismus/Asperger Syndrom vor. Der Schwerpunkt liegt hierbei auf der Beschreibung der eingesetzten Strategien, Hilfen und Aktivitäten, die in der konkreten Arbeit mit den Kindern bzw. Erwachsenen entwickelt wurden.

Somit handelt es sich bei diesem Buch sowohl um einen Erfahrungsbericht, als auch um eine umfangreiche Ideen- und Materialsammlung. Der Hauptteil besteht aus Spielbeschreibungen (mit Fotos), Arbeitsblättern (Kopiervorlagen) und Übungsanleitungen.

5., unveränderte Auflage 2023, 256 S. (davon 100 S. Arbeitsblätter), Format 21x28cm, Ringbindung

ISBN 978-3-8080-0525-5 | Bestell-Nr. 1211 | 29,95 Euro

Gary Mesibov et al.

TTAP – TEACCH Transition Assessment Profile

Förderdiagnostisches Kompetenzprofil für Jugendliche und Erwachsene auf dem Weg in die Selbstständigkeit

Das TTAP umfasst neben Aufgaben und Verhaltensbeobachtungen in einer direkten Testsituation auch zwei strukturierte Interviews, mit denen Informationen aus den Lebensbereichen Wohnen und Schule/Arbeit erhoben werden. Dies ermöglicht einen systematischen Vergleich von Fähigkeitsprofilen und hilft, die bei Autismus typischen Generalisierungsschwierigkeiten aufzudecken. Es werden Kompetenzen in sechs Funktionsbereichen und Fähigkeitsansätze erhoben, die für eine erfolgreiche Eingliederung in Beruf und Gesellschaft wesentlich sind: Berufliche Fertigkeiten, Eigenständigkeit, Kompetenzen zur Freizeitgestaltung, Arbeitsverhalten, Funktionale Kommunikation und zwischenmenschliches Verhalten. Ein kumulatives Fähigkeitsinventar (über einen Zeitraum von zwei bis drei Jahren), ermöglicht die systematische Erfassung spezieller, auf die jeweilige Person bezogener Kompetenzen, so dass ein umfassendes Portfolio entsteht, das die individuellen Fähigkeiten abbildet.

256 S., Beigabe: 104 Formulare zusätzlich als Download, Format 21x28cm, Ringbindung, Alter: ab 14

ISBN 978-3-8080-0787-7 | Bestell-Nr. 1268 | 26,95 Euro

verlag modernes lernen

Schleefstraße 14, D-44287 Dortmund
Telefon 02 31 12 80 08, Fax 02 31 12 56 40
E-Mail: info@verlag-modernes-lernen.de
Leseproben und Bestellen im Internet: www.verlag-modernes-lern

An den Ressourcen anknüpfen

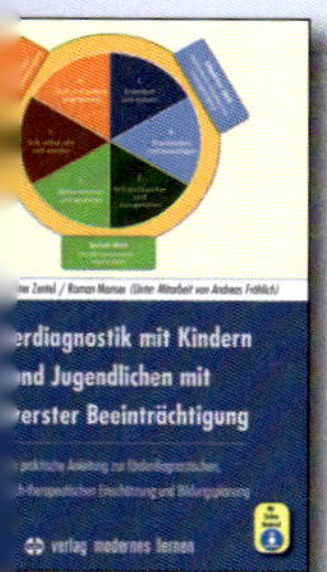

Holger Schäfer / Peter Zentel / Roman Manser
Mitarbeit: Andreas Fröhlich

Förderdiagnostik mit Kindern und Jugendlichen mit schwerster Beeinträchtigung

Eine praktische Anleitung zur förderdiagnostischen, pädagogisch-therapeutischen Einschätzung und Bildungsplanung

Die differenzierten Fragen in kleinsten Schritten und der gemeinsame, dialogische ick auf die Antworten gemeinsam mit Eltern und Pädagogen/Thera- euten verdeutlichen sehr schnell die zahlreichen (ganz individuellen) cetten, in denen diese Kinder und Jugendlichen Stärken und Potenziale, er auch Wünsche und Bedürfnisse (Hilfebedarfe) mitbringen. Durch die are Struktur der Beobachtungshilfen sowie die bewusst einfache No- tion dieses Leitfadens wird es möglich, für jedes einzelne Kind seine rhandenen, sich entwickelnden Kompetenzen aufzuspüren und daraus sammen mit den Eltern oder den wichtigsten Bezugspersonen eine För- erplanung (ausgerichtet an Stärken und Zielen) zu entwickeln. Zusätzlich erden die für den Personenkreis ganz zentralen (basal-elementaren) ereiche Aufmerksamkeit, Essen & Trinken, Pflege sowie Kommunika- on (auch mit neuen Fragen) gesondert ausgewiesen, um unmittelbare kenntnisse zu entsprechenden Förderbereichen identifizieren bzw. auch erzu spezifische Angebote (auch kooperativ bspw. mit Ergotherapie oder ysiotherapie) planen zu können.

92 Seiten, farbige Abb., Beigabe: Formulare als Download, Groß- ormat DIN A4, Ringbindung
SBN 978-3-8080-0873-7 | Bestell-Nr. 3659 | 29,95 Euro

Dietrich Eggert
Christina Reichenbach

Diagnostische Inventare

Motorik **(DMB)**, auditive Wahrnehmung **(DIAS)**, Raum-Zeit-Wahrnehmung **(RZI)**, Selbstkonzept **(SKI)**

4 klassische Inventare in komprimierter Form mit umfangreichem Download-Material – Dieser Praxisband führt in die Arbeit mit den Diagnostischen Inventaren ein, die sich besonders für eine Diagnostik im (heil-)pädagogischen Alltag eignen. Die bewährten Inventare DMB, DIAS, RZI sowie SKI werden in diesem Handbuch komprimiert und übersichtlich dargestellt, um Praktikern in nur einem Band eine Vielfalt diagnostischer Möglichkeiten an die Hand zu geben. Das Handbuch bietet zu jedem Inventar die theoriegeleiteten Bezüge und Modelle sowie jeweils eine Sammlung von Kernaufgaben. Im dazugehörigen Download befinden sich weitere zahlreiche Aufgaben und „Diagnostische Menüs" für die Praxis. Inhalte pro Inventar und damit Fokus der Diagnostik sind jeweils: Beschreibung des Entwicklungsbereichs, Bedeutung für die Entwicklung, Definitionsansätze, Handlungsmodell, Kernaufgaben, Studien, weitere diagnostische Verfahren, weitere Fördermöglichkeiten.

Das Buch bietet umfangreiche Praxismaterialien für eine fundierte pädagogische Diagnostik und Förderung.

320 S., farbige Abb., Beigabe: umfangreiches Material als Download, Format 16x23cm, Klappenbroschur, Alter: ab 4
ISBN 978-3-8080-0865-2 | Bestell-Nr. 1313 | 39,80 Euro

Gerald Matthes

Vom Förderanliegen zum gelingenden Lernen

Das Struktur-Lege-Verfahren als Kompass

Mit den im Buch dargestellten Methoden wird diese Psychologie für die förderdiagnostische Tätigkeit aufbereitet. Das impliziert ein multifunktionales, stärken- und lösungsorientiertes Herangehen. In Übereinstimmung mit inklusiven Konzepten (unter anderen des Universal Design for Learning) richten sich Schlussfolgerungen uf die Gestaltung von Lernsituationen, nicht aber auf einen vermeint- chen Veränderungsbedarf der Lernenden. In sechs Bausteinen werden er Methoden und Anregungen für die Lerndiagnostik und Planung von örderzielen und Maßnahmen dargestellt. Alle sind offen für persönliche rbeitsformen und haben sich in Teamberatungen bewährt. Angewandt verden können sie unabhängig vom Bestehen eines sonderpädagogi- chen Unterstützungsbedarfs bei Schwierigkeiten, Störungen oder Be- nträchtigungen im Lernen und Lernverhalten. Lernfördergespräche, in enen Schülerinnen und Schüler viel über ihre Kompetenzen und Wege er Weiterentwicklung lernen, sind ein Dreh- und Angelpunkt.

024, 176 S., farbige Abb., Beigabe: Material als Download, Format 6x23cm, Klappenbroschur
SBN 978-3-8080-0940-6 | Bestell-Nr. 1350 | 23,95 Euro

Christina Reichenbach
Helge Thiemann

Lehrbuch diagnostischer Grundlagen der Heil- und Sonderpädagogik

„Von dem Autorenduo – und dem kann sich der Rezensent anschließen – wird die Publikation zur Lektüre Studierenden der Heil- und Förderpädagogik, Sonder- und Heilpädagogen sowie ErzieherInnen, MotopädInnen, MotologInnen, ErgotherapeutInnen u. ä. Berufsgruppen empfohlen. Das Buch ist sehr verständlich geschrieben und aus diesem Grund gut lesbar. Das schafft die oder der geübte Leserin oder Leser in einem Rutsch. Und dann macht Lernen auch Spaß." Carsten Rensinghoff, socialnet.de

„Das Lehrbuch bietet mit den umfangreichen fachlichen Informationen und praktischen Beispielen eine fundierte Arbeitsgrundlage für die diagnostische Praxis sowie für die Lehre. Die erforderliche Reflexion des eigenen Handelns wird durchgängig durch Leitfragen angeregt. Das Buch erfüllt das intendierte Ziel, handlungspraktische Kompetenzen zu vermitteln, da alle Kompetenzebenen - das Wissen, die Fertigkeiten, die Sozial- und die Selbstkompetenz - konsequent angesprochen werden." Astrid Krus, motorik

3. Auflage 2023, 224 S., Format 16x23cm, Klappenbroschur
ISBN 978-3-8080-0847-8 | Bestell-Nr. 1247 | 19,95 Euro

verlag modernes lernen

Schleefstraße 14, D-44287 Dortmund
Telefon 02 31 12 80 08, Fax 02 31 12 56 40
E-Mail: info@verlag-modernes-lernen.de
Leseproben und Bestellen im Internet: www.verlag-modernes-lernen.de